Une cure communale: Comment Guérir la Maladie de Notre Système Éducatif

VOLUME 1

Une cure communale: Comment Guérir la Maladie de Notre Système Éducatif

VOLUME 1

PROFESSEUR OUELE

Library of Congress Control Number: 2023919176

ISBN: 978-1-960093-76-9   (Paperback)
ISBN: 978-1-960093-77-6   (eBook)

Printed in the United States of America

DÉDICACE

Ce livre est dédié à tous les enseignants du monde entier. Ils travaillent sans relâche pour éduquer les élèves, semaine après semaine, parfois même le week-end. Tous les membres de la société sont le fruit du travail des enseignants.

Remerciements

Je tiens à exprimer ma gratitude à ma famille, qui m'a soutenu tout au long du processus d'écriture de ce livre. Je tiens également à remercier tous les enseignants qui m'ont encouragé à aller de l'avant et à terminer ce livre.

Contact: connect@professorouele.com

TABLE DE MATIÈRE

Introduction

L'état de santé du système éducatif d'un pays donne une idée de la santé économique et politique du pays. De nombreux pays qui l'ont compris mettent l'accent sur l'amélioration de leur système éducatif. Quand l'éducation est malade, c'est tout le système qui est malade. Dire aujourd'hui que l'éducation va mal n'est pas exagéré. Ce qui est enseigné aux élèves aujourd'hui et les mérites de cet enseignement sont discutables. La qualité de l'enseignement diminue ; les enseignants manquent de motivation et quittent leur profession, et il n'est pas facile de trouver des remplaçants. Les élèves semblent se désintéresser de l'école pour plusieurs raisons : les niveaux de violence sur les campus deviennent inacceptables. Les élèves et leurs familles n'approuvent pas ce qui leur est imposé en classe, qui n'est souvent pas conforme à la réalité quotidienne. De plus, la politique dicte ce que doit être l'éducation, ce qui n'est souvent pas accepté par les étudiants, les parents et les enseignants. La pandémie de COVID-19 a aggravé la situation.

Les multiples problèmes qui ruinent le système éducatif dans le monde entier m'ont incité à écrire ce livre. Je suis titulaire d'un doctorat en éducation et j'enseigne depuis 1992 à presque tous les niveaux et dans plusieurs pays, ce qui fait de moi un expert dans ce domaine. Dans ce volume 1, je fais l'autopsie du système éducatif et j'énumère les problèmes qui le minent dans la première partie, ainsi que certaines pratiques dans la deuxième partie pour remédier à la maladie qui frappe nos élèves.

Je ne prétends pas avoir développé tous les concepts dans ce livre. Les références des recherches citées se trouvent à la fin de l'ouvrage. J'espère que ma modeste contribution pourra être prise en considération par les acteurs de l'éducation, en particulier les élèves, les enseignants et les familles, ainsi que les décideurs. Je pense qu'une action forte et immédiate doit être entreprise pour éviter le pire à une société composée de personnes insuffisamment éduquées.

Préface

Notre système éducatif est défaillant. De nombreux étudiants passent d'une classe à l'autre sans avoir le niveau approprié de prérequis. De nombreux étudiants ont manqué des parties de l'apprentissage prévu et terminent leurs études avec de nombreuses lacunes. La pandémie de COVID-19 met en évidence l'échec du système éducatif. À mesure que la pandémie s'éloigne, on a l'impression que l'enthousiasme des enseignants, des élèves et des parents diminue. Tous semblent avoir besoin d'un soutien moral.

La pandémie a mis en lumière les lacunes du système éducatif. Le système éducatif est défaillant à bien des égards. La pandémie a aggravé la situation. Les recherches indiquent que la pandémie a fait prendre deux ans de retard aux élèves sur le plan scolaire. La première partie de ce livre met en lumière les défis auxquels est confronté le système éducatif. La seconde partie de l'ouvrage propose des recommandations pour résoudre ces problèmes.

PARTIE 1

VUE D'ENSEMBLE DU SYSTÈME ÉDUCATIF ACTUEL

Le système éducatif est malade. Les problèmes qui le minent sont multiples.

CHAPITRE 1

Notre Système Éducatif est Défaillant

Le système éducatif est défaillant pour diverses raisons, dont les suivantes.

PÉNURIE D'ENSEIGNANTS

Il y a une pénurie d'enseignants. Dans de nombreuses régions du monde, cette pénurie s'étend à l'ensemble du pays. La situation est si grave que certains districts scolaires sont contraints de recruter des candidats qui n'ont pas les qualifications suffisantes. Imaginez quelqu'un dans une salle de classe qui n'a pas de licence et qui ne connaît pas la matière qu'il enseigne. Vous pensez peut-être qu'il s'agit d'une blague, mais c'est mais c'est devenu monnaie courante aujourd'hui.

Voici quelques causes de la pénurie d'enseignants. Je pense que le COVID-19 a coûté la vie à de nombreux enseignants malheureux. Pendant la pandémie initiale, de nombreux enseignants sont restés chez eux. Cependant, lorsque les portes ont commencé à s'ouvrir à nouveau dans le monde entier, les enseignants ont rejoint les infirmièrs et les équipes médicales dans une exposition quotidienne constante.

En outre, le nombre d'enseignants qui démissionnent est de plus en plus élevé parce qu'ils sont mal payés et travaillent la plupart du temps dans des conditions inacceptables. J'ai posé une question à 50 de mes étudiants : aimeriez-vous devenir enseignant quand vous serez grand ? Étonnamment, tous ont répondu par la négative. Cela m'a fait penser que la pénurie d'enseignants à laquelle nous sommes confrontés aujourd'hui pourrait se poursuivre si rien n'est fait pour résoudre le problème. Certaines écoles ferment par manque d'enseignants. Les enseignants qui restent sont surchargés de travail. Les classes sont regroupées et donc souvent surchargées. Il est évident que l'augmentation du nombre d'élèves et la diminution du nombre d'enseignants ont un impact négatif sur le ratio enseignant/élèves. Le nombre d'élèves par enseignant augmente. Dans plusieurs pays, un enseignant de la maternelle à la terminale a entre 50 et 80 élèves. Dans une telle situation, qu'attendons-nous de cet enseignant ? Ils doivent préparer les cours, s'efforcer de gérer la classe et noter les travaux des élèves - parfois après les heures de cours ou pendant le week-end - sans que les heures supplémentaires soient rémunérées.

Le taux d'absentéisme des enseignants devient inquiétant : selon la taille de l'école, il y a des écoles où 15 à 20 enseignants sont absents le même jour. Ce taux d'absentéisme élevé peut refléter l'environnement hostile dans lequel travaillent les enseignants, ou tout simplement leur fatigue. Il est bien connu que les employés qui ne sont pas bien traités à leur lieu de travail ont tendance à s'absenter. Malheureusement, il n'y a pas assez d'enseignants remplaçants.

Il est important de mentionner qu'il existe deux catégories d'enseignants : la première regroupe les enseignants qui travaillent par amour et par vocation pour leur métier. Le deuxième groupe comprend les individus qui se retrouvent dans l'enseignement par accident : ils se retrouvent dans l'enseignement parce qu'ils n'ont rien trouvé de mieux ailleurs. Ils n'ont pas d'amour pour ce qu'ils font. Ils font juste assez d'efforts pour conserver leur emploi. Malheureusement, le nombre d'enseignants qui se retrouvent dans la deuxième catégorie augmente de façon alarmante.

ÉVALUATION STANDARDISÉE

Au début du 21e siècle, les enseignants américains ont été contraints de mettre en œuvre la norme du socle commun - un programme d'enseignement général presque national -, ce qui leur a laissé peu de marge de manœuvre pour innover. L'une des intentions du socle commun était d'aider les élèves à terminer leurs études secondaires en étant capables de rivaliser avec les autres élèves du monde entier. L'avantage du socle commun est qu'il aide les enseignants à enseigner le contenu et les matières en suivant les mêmes lignes directrices. Il est ainsi plus facile pour les élèves de passer d'une classe ou d'une école à l'autre, car l'enseignement est identique. Cependant, de nombreux enseignants considèrent le socle commun comme une ingérence du gouvernement dans l'éducation. Il empêche chaque État d'utiliser son propre test ou d'adapter l'enseignement à la réalité locale. La mise en œuvre du socle commun a également entraîné l'évaluation des élèves aux États-Unis à l'aide de tests standardisés. Malheureusement, la préparation des élèves aux tests standardisés prend beaucoup de temps d'enseignement. En outre, les résultats des tests ne reflètent pas toujours la réalité ; par exemple, un élève intelligent qui a des problèmes de santé ou familiaux, qui a faim ou qui est stressé, peut obtenir de mauvais résultats.

Il n'est pas juste d'utiliser des évaluations standardisées pour évaluer les enseignants, car les élèves ne sont pas nécessairement évalués sur ce qu'on leur a enseigné. Ces évaluations portent principalement sur l'anglais et les mathématiques. Ils n'évaluent pas la pensée critique ou la capacité des élèves à résoudre un problème.

Les élèves passent les évaluations standardisées presque à la fin de l'année scolaire. Les résultats de ces évaluations sont publiés pendant l'été, lorsque les élèves sont en vacances. Bien que les familles des élèves reçoivent les résultats des évaluations, ces informations ne sont pas destinées à améliorer les résultats scolaires de ces élèves. Ces évaluations ou tests aident le Ministère de l'Éducation à remédier aux problèmes des écoles ayant obtenu de mauvais résultats, ce qui n'intervient que plus tard. Il serait préférable que les résultats de ces tests soient utilisés pour aider les élèves.

En outre, l'origine des évaluations standardisées est liée au racisme : Rosales et Walker (2021) ont constaté que les tests standardisés étaient un outil de racisme. Ceux qui en souffrent sont les élèves de couleur ou ceux issus de familles à faible revenu. Kendi (2020) a également indiqué que les évaluations standardisées sont une arme raciste efficace, visant à refuser aux élèves noirs et bruns l'accès aux écoles renommées.

LA POLITIQUE AU DÉTRIMENT DE L'ÉDUCATION

Les politiciens dictent ce que doit être l'éducation. Ils ont déclaré qu'aucun élève ne devait échouer. Ce concept fait plus de mal que de bien aux élèves : chaque année, quels que soient leurs résultats scolaires, les élèves passent au niveau supérieur. Ce qui est triste, c'est que certains élèves terminent leurs études secondaires sans être capables de rédiger un paragraphe bien structuré. Leurs phrases sont truffées d'erreurs. Ils ne savent ni lire ni écrire correctement.

Beaucoup d'élèves sont laissés pour compte. Les politiciens disent indirectement aux enseignants que s'ils essaient toutes les options pour soutenir un élève et qu'ils ne constatent aucune amélioration, ils devraient simplement lui donner une bonne note et le laisser aller de l'avant. C'est une autre indication de l'échec du système éducatif. Dans certains districts scolaires, les élèves et leurs familles ont le droit de contester une note. Ils sont si puissants qu'ils peuvent inciter l'école, avec ou sans raison, à changer la note ; cela devient courant, ce qui prouve encore une fois que le système a échoué. La conséquence directe est que de nombreux élèves obtiennent leur diplôme sans l'avoir mérité.

MÉDIAS SOCIAUX

Les médias sociaux sont désormais considérés comme une arme de distraction massive pour tout le monde, en particulier pour les étudiants. Les groupes les plus vulnérables sont les collégiens et les lycéens. En classe, pendant que les professeurs s'efforcent d'enseigner, ces élèves sont sur YouTube, Instagram, Facebook, TikTok, etc. D'autres jouent sur leur téléphone portable. Certains insultent carrément l'enseignant lorsque celui-ci leur demande d'arrêter d'utiliser leurs appareils électroniques. Bien souvent, les parents s'en mêlent, estimant que leurs enfants doivent avoir accès à des appareils électroniques et être joignables à tout moment par téléphone, ce qui complique le travail du personnel de l'école.

Ces élèves ont également accès à des sites web interdits. Lorsque l'enseignant passe à côté d'eux, ils tournent la page qu'ils étaient en train de regarder. Le développement de la technologie conduit à la tricherie et altère l'apprentissage. Les élèves peuvent facilement tricher avec leur téléphone portable. Pendant les cours, certains parents communiquent avec leurs enfants par téléphone ou par SMS. Pour ne pas perdre les messages, ces élèves tiennent leur téléphone à la main ou le gardent sous la table. Ils sont distraits et ne s'intéressent pas à ce que l'enseignant enseigne. Ce qui est inquiétant, c'est que certaines familles font partie du problème : elles gâtent leurs enfants en leur donnant plus que ce dont ils ont besoin. Pour communiquer, un élève d'école primaire a-t-il besoin de la dernière version d'un smartphone ?

LA VIOLENCE À L'ÉCOLE

L'insécurité dans les écoles est une préoccupation majeure pour les parents, les élèves et les enseignants. La violence à l'école est en augmentation. Cette violence prend de nombreuses formes, notamment les bagarres, les brimades et les fusillades.

Très souvent, lorsque vous écoutez la radio ou la télévision, vous entendez parler de fusillades qui ont tué ou blessé des élèves dans les écoles. Dans certaines écoles, la police est présente pour dissuader les criminels, mais il arrive que des élèves échappent à la sécurité, entrent dans le bâtiment scolaire et tuent leurs camarades avec des armes à feu. Alors qu'un assassin s'introduit dans une école au Texas et tue plusieurs élèves et membres du personnel, en Virginie, un élève de six ans arrive sur son campus et tire sur son professeur. Le manque de sécurité est un problème grave dans les écoles. J'ai déjà mentionné la pénurie d'enseignants. Combien d'enseignants potentiels sont prêts à accepter un poste d'enseignant et à se faire blesser ou tirer dessus par des élèves ou quelqu'un d'autre ?

Plusieurs districts scolaires ont institué l'exercice de confinement pour préparer les élèves à l'éventualité d'une fusillade. Voici quelques questions à poser : Pourquoi quelqu'un met-il fin à la vie d'élèves et d'enseignants innocents à l'aide d'une arme à feu ? Qu'est-ce qui a déclenché le problème ? Pourquoi les armes sont-elles entre les mains des mauvaises personnes ? Il est triste de voir des enfants innocents perdre la vie sur le chemin de l'apprentissage. Aujourd'hui, les élèves sont traumatisés ; ils ont peur d'aller à l'école. Les familles ont peur d'envoyer leurs enfants à l'école.

Lorsqu'il y a une fusillade de masse, les politiciens font des discours sans agir. Ils établissent rapidement un lien entre la fusillade et les maladies mentales, ce qui donne lieu à des conversations sur les propriétaires d'armes à feu qui doivent régulièrement être soumis à une évaluation mentale.

Ce que l'on peut dire de cette fusillade, c'est que si nous ne contrôlons pas l'arme, c'est l'arme qui nous contrôlera.

Deuxièmement, les bagarres dans les écoles deviennent un problème préoccupant. Très souvent, tout commence par des blagues déplacées qui se terminent par des bagarres. La loi scolaire ne permet pas aux enseignants d'intervenir entre les élèves qui se battent. Ce qu'on leur dit de faire, c'est d'appeler les responsables de l'école pour qu'ils interviennent. L'intervention arrive parfois tardivement ; pendant ce temps, les élèves se blessent ou blessent les autres et détruisent les biens de l'école. La bagarre traumatise les élèves ; elle les empêche de se concentrer sur l'enseignement parce qu'ils pensent qu'à tout moment une autre bagarre peut commencer. Le problème est si grave que certains élèves sont obligés de manquer des cours ou d'abandonner l'école parce qu'ils ont peur d'être battus par leurs camarades de classe.

Chaque jour, à la sortie de l'école, la probabilité d'une bagarre est très élevée. Les élèves qui ont été comprimés toute la journée se défoulent. Ils ne contrôlent pas leur énergie. Ils se mettent au défi de se battre. La présence de la police peut être utile, mais nous ne pouvons pas avoir de policiers dans toutes les écoles.

La troisième question est celle des brimades. Cette section donne une définition des brimades et explique certains types de brimades ainsi que la manière dont elles affectent les élèves. Des stratégies pour gérer les brimades seront expliquées dans la deuxième partie du livre. Rigby (2007) indique que "les brimades sont une oppression répétée, psychologique ou physique, d'une personne moins puissante par une personne ou un groupe de personnes plus puissantes" (p.15). De cette définition, nous pouvons déduire que pour qu'il y ait intimidation, il faut qu'il y ait au moins deux personnes et qu'une personne ou un groupe de personnes soit plus fort que l'autre personne ou groupe. En outre, les abus doivent être répétés. Olweus (1994) a déclaré : "Un élève est victime de brimades ou de violences lorsqu'il est exposé, de manière répétée et dans la durée, à des actions négatives de la part d'un ou de plusieurs autres élèves" (p. 9).

Les groupes les plus exposés aux brimades sont les groupes minoritaires présentant certaines caractéristiques physiques ; on peut citer, entre autres, les personnes handicapées et les personnes obèses. En tant que personne handicapée physique, j'ai été victime de brimades à l'école : mes camarades de classe me provoquaient régulièrement et se moquaient de mon handicap, ils imitaient ma façon de marcher et utilisaient des sobriquets pour m'insulter.

Les brimades à l'école sont une préoccupation croissante pour les parents, les familles, les élèves et les enseignants. Elles se produisent en classe pendant les cours, à la sortie des classes et même à la maison. Elles prennent diverses formes : verbales, sociales, physiques et cybernétiques. L'utilisation de mots racistes pour décrire une personne, le manque de respect, les injures et les insultes sont des formes d'intimidation verbale. Pousser, donner des coups de pied ou frapper quelqu'un fait partie des brimades physiques. Déshonorer quelqu'un en lui mentant, en diffusant de fausses informations ou en faisant des blagues déplacées est considéré comme de l'intimidation sociale. Juvoneni & Graham (2014) indiquent que la cyberintimidation englobe l'utilisation de téléphones portables pour envoyer des messages texte et poster des messages sur les médias sociaux. Les médias sociaux encouragent la violence. Les élèves ont désormais facilement accès aux ordinateurs et aux téléphones portables. Ces appareils électroniques sont une porte ouverte à divers médias sociaux. Les médias sociaux sont également une source de distraction importante pour les élèves : certains d'entre eux font semblant d'avoir besoin d'aller aux toilettes ; lorsque l'enseignant leur permet d'y aller, ils passent un temps d'enseignement précieux aux toilettes sur leur téléphone, accédant parfois à des sites web interdits.

UNE PAUVRETÉ CROISSANTE

La pauvreté devient un problème grave presque partout. Les élèves issus de familles pauvres viennent à l'école sans manger. Toutes les écoles n'ont pas de programme de repas gratuits. Les élèves qui ont faim ne se concentrent pas ou même dorment pendant les cours. Les élèves affamés peuvent tomber malades, ce qui signifie aussi qu'ils peuvent manquer des jours d'école. La privation de nourriture a un impact sur les résultats scolaires des élèves. De plus, les familles pauvres ne peuvent pas toujours acheter les fournitures scolaires.

MANQUE DE FINANCEMENT DE L'ÉTAT POUR LES ÉCOLES

Certains pays font ce qu'ils peuvent en mettant à la disposition des écoles presque tout ce dont elles ont besoin. Mais dans plusieurs régions du monde, le financement de l'éducation n'est pas une priorité. Les gouvernements ont de l'argent pour la guerre mais rien pour l'éducation. L'achat des fournitures scolaires est entièrement à la charge des parents, souvent démunis. Les frais de scolarité peuvent être très élevés et hors de portée des familles pauvres. Dans plusieurs pays pauvres ou mal organisés, l'école est payante, de l'école primaire à l'université, ce qui limite les chances des enfants de familles pauvres d'accéder à l'éducation. Les élèves n'ont pas accès aux ordinateurs ou à l'internet et sont donc en retard sur le plan technologique. Certains pays mettent des bus à la disposition des élèves pour les transporter de leur domicile à l'école et vice-versa. Certains pays pauvres n'ont pas ce privilège ; les élèves démunis parcourent chaque jour une très longue distance pour se rendre à l'école.

Certains pays plus riches offrent le petit-déjeuner et le déjeuner aux élèves gratuitement ou à des prix très réduits. Dans plusieurs autres pays pauvres, chaque élève vient à l'école avec sa propre nourriture. Certains d'entre eux viennent à l'école sans nourriture, faute de moyens.

MANQUE D'IMPLICATION DES FAMILLES

Mon expérience de l'enseignement m'a permis de constater que de nombreux parents et tuteurs ne s'impliquent pas suffisamment dans l'éducation de leurs élèves. Certains parents ont transféré toute la responsabilité aux enseignants. Ils pensent que les enseignants feront tout pour leurs enfants. Ils ne soutiennent pas leurs enfants à la maison et ne vérifient pas si les devoirs sont faits. Certains de ces parents ne demandent même pas à leurs enfants ce qu'ils ont appris à l'école.

Une fois à la maison, les enfants n'ont plus qu'à regarder la télévision ou jouer à des jeux pendant des heures et à se coucher très tard. La plupart des élèves qui n'ont pas assez dormi la nuit dorment en classe pendant les cours. Certains parents pauvres sont obligés d'avoir deux emplois. Ils rentrent à la maison quand leurs enfants dorment et vont travailler tôt le matin quand les enfants sont encore endormis. Livrés à eux-mêmes, ces enfants manquent les cours ou arrivent en retard à l'école, souvent sans rien à manger. Dans ces conditions, quelles performances peut-on attendre de ces élèves ?

SOUTIEN INSUFFISANT AUX ÉLÈVES HANDICAPÉS

De nombreux pays disposent d'une législation protégeant les élèves handicapés. Le problème réside dans la mise en œuvre de cette législation. Au 21ème siècle, certains pays ignorent encore les besoins de la communauté des personnes handicapées. Les étudiants handicapés suivent des cours sans aucun aménagement. Personne ne se soucie de leurs besoins spécifiques. Dans un environnement aussi difficile, les étudiants handicapés abandonnent l'école prématurément.

En tant que personne handicapée, je suis allée à l'école dans une situation très difficile : Je ne pouvais pas marcher. Chaque jour, mes frères me portaient sur leur dos pendant de longues distances, faute de fauteuil roulant et de moyen de transport. J'étais placé dans le même cadre que les autres élèves, sans enseignement spécialisé, sans temps supplémentaire pour faire mes devoirs. Ce qui m'a motivé à ne pas abandonner, c'est le sacrifice de mes frères pour moi, ainsi que les encouragements constants de mon père.

MANQUE D'INTÉRÊT POUR LES ÉLÈVES DOUÉS ET TALENTUEUX

Le concept d'éducation des élèves doués et talentueux est encore ignoré par divers districts scolaires dans le monde. Cette section présente la définition des élèves doués et talentueux, explique la différence entre les élèves doués et les autres élèves, et explore la manière de les identifier et les problèmes auxquels ils sont confrontés.

Diverses recherches sont désormais disponibles sur les élèves doués et talentueux : le code administratif du New Jersey pour les élèves doués (2020) définit les élèves doués et talentueux comme "des élèves qui possèdent ou démontrent un haut niveau de capacité, dans un ou plusieurs domaines de contenu, par rapport à leurs pairs chronologiques dans le district scolaire local, et qui nécessitent des modifications de leur programme éducatif s'ils veulent réussir conformément à leurs capacités" (New Jersey Department of Education [NJDOE], 2020).

Les résultats de la recherche menée par Shurkin (1992) mentionnent Terman comme le pionnier de l'éducation des surdoués.

Il existe une différence entre les enfants doués et talentueux et les autres enfants : les capacités naturelles des enfants doués et talentueux dépassent celles des autres élèves. Ils peuvent décoder des concepts qui échappent à la compréhension des autres élèves. Dans la plupart des cas, ils sont très curieux, ils savent résoudre les problèmes et ils apprennent rapidement, sans avoir besoin de répéter. Ils sont très performants.

Il n'existe pas de processus standard pour identifier les enfants doués et talentueux. La méthode varie d'un district scolaire à l'autre ou d'un pays à l'autre. Ce qui est commun, c'est que toutes les méthodes commencent par un dépistage des élèves qui présentent un certain potentiel de doués et de talentueux. Ceux qui administrent le test doivent être certifiés. Le test comprend deux composantes : la composante cognitive et la composante non cognitive. L'un des tests utilisés pour identifier les élèves doués et talentueux est l'échelle d'intelligence de Stanford-Binet. Certaines écoles ont critiqué les mesures antérieures connues sous le nom de tests de quotient intellectuel (QI) parce qu'elles ne fournissaient pas toutes les informations sur les capacités de l'élève.

Les problèmes des élèves doués et talentueux sont similaires à ceux des élèves handicapés. Dans la plupart des cas, ils sont mélangés à d'autres élèves dans la même classe et reçoivent le même enseignement au lieu d'un enseignement individualisé, ce qui n'est pas une bonne chose. Lorsqu'ils sont placés dans un environnement inadéquat, ils peuvent manifester des comportements incorrects et des frustrations. Certains de ces élèves sont impatients. Ils veulent tout contrôler. Ils peuvent avoir du mal à se faire des amis et à les garder, parce qu'ils se sentent supérieurs aux autres élèves et trouvent difficile de socialiser avec eux. Certains d'entre eux ont également du mal à passer les tests parce qu'ils réfléchissent trop ; ils veulent être parfaits. Ils s'ennuient facilement, surtout lorsqu'ils ne sont pas occupés. Les professeurs d'enseignement général ne devraient pas enseigner à ces élèves sans formation supplémentaire. Les élèves doués et talentueux qui ne sont pas dans le cadre approprié peuvent abandonner l'école prématurément. Ils doivent suivre un programme qui correspond à leurs besoins.

AUGMENTATION DU TAUX DE DÉCROCHAGE SCOLAIRE

Le nombre d'étudiants qui quittent l'école sans avoir terminé leurs études est alarmant. Le National Center for Education Statistics (2021) du ministère américain de l'éducation indique qu'en 2019, 2 millions d'étudiants âgés de 16 à 24 ans ont abandonné l'école, soit 5 % de l'ensemble des étudiants. Par ethnie, le pourcentage de décrochage de l'ensemble des étudiants se répartit comme suit :

- Caucasiens — 4.1%
- Origine mixte de deux ou plusieurs ethnies — 5.1%
- Noirs — 5.6%
- Hispanique — 7.7%
- Insulaire du Pacifique — 8.0%
- Natifs — 9.6%

Les élèves abandonnent l'école pour diverses raisons : par exemple, certains veulent s'occuper d'un membre de leur famille qui est malade, mais d'autres ne trouvent aucun intérêt à l'école et la détestent. Certains n'aiment pas ce qui se passe à l'école, comme les brimades, la violence, les fusillades et la déconnexion du programme scolaire avec le développement de la vie réelle. D'autres abandonnent l'école parce qu'elles tombent enceintes.

ACCROISSEMENT DU TAUX D'ABSENTÉISME

Le nombre d'élèves qui arrivent en retard à l'école ou qui s'en absentent est inquiétant. Les causes typiques d'absence sont les rendez-vous chez le médecin, les urgences familiales, l'observance d'événements religieux et le mauvais temps. D'autres causes d'absence que j'ai déjà mentionnées sont les brimades et la violence à l'école. Les élèves victimes de brimades ou de violence à l'école n'hésitent pas à manquer les cours lorsqu'ils le peuvent.

L'absentéisme scolaire est un problème. Il n'existe pas de définition standard de l'absentéisme scolaire. Toutefois, de nombreux districts scolaires ont convenu que l'on considère qu'il y a absentéisme scolaire lorsque, sans l'autorisation ou la connaissance de ses parents, un élève est absent de l'école pendant plus de huit jours au cours d'un trimestre, quinze jours au cours d'un semestre ou vingt jours au cours d'une année scolaire. Les élèves absentéistes se réunissent généralement dans un lieu spécifique pendant les heures de cours pour boire de l'alcool ou consommer des drogues. Lorsqu'ils sont contrôlés par des substances consommées, il leur arrive de vandaliser des biens, de voler et de commettre d'autres délits. Certains sont exposés à la prostitution. La principale conséquence de l'absentéisme scolaire est l'abandon de l'école.

Au fur et à mesure que j'enseigne, je constate que quelque chose devient courant. Certains élèves, en particulier les filles, choisissent un jour d'école pour se rendre dans un salon de coiffure ou de manucure. Il est également fréquent que des élèves décident de rester à la maison le jour de leur anniversaire et de manquer l'enseignement.

PAS DE CORRÉLATION ENTRE LE PROGRAMME SCOLAIRE ET LA VIE RÉELLE

Les enseignants des écoles publiques sont souvent esclaves du programme : pour chaque matière, ils enseignent les chapitres préétablis. Rien n'est prévu pour enseigner aux élèves les techniques qui leur permettront de réussir leur vie sociale. Le système semble nous enseigner qu'il faut aller à l'école, étudier, obtenir des diplômes et trouver de bons emplois, ce qui n'est pas toujours vrai. De nombreux étudiants terminent leurs études avec des diplômes, mais ne sont pas préparés à réussir dans la vie pratique. Le système éducatif n'a pas réussi à servir ceux qui aspirent à devenir chefs d'entreprise ou travailleurs indépendants. Un élève passe de l'école primaire à l'école secondaire, parfois à l'université, sans être exposé à la réalité de la vie pratique ; c'est un échec. Dès l'école primaire, je pense que les élèves devraient être exposés à une formation dans leurs domaines d'intérêt.

Le système scolaire doit être repensé pour que les élèves se rapprochent du monde réel. L'enseignement général doit être repensé pour intégrer des notions concrètes. Au lieu de bourrer le crâne des élèves de théories inutiles, il faut passer aux choses sérieuses : une leçon sur l'addition et la soustraction de l'argent doit se faire dans un magasin réel ou fictif. Une sortie scolaire peut être l'occasion d'enseigner aux élèves la mesure des distances à l'aide d'outils réels pour s'entraîner. Il est inutile pour un étudiant d'être titulaire d'une licence ou d'une maîtrise s'il ne connaît pratiquement rien de son domaine. Les pratiques scolaires actuelles semblent essentiellement former les futurs chômeurs.

Aujourd'hui, il est courant de voir des étudiants titulaires d'un master faire un travail qui n'a rien à voir avec leurs études parce que la réalité du terrain est différente de la théorie de l'école. Un titulaire d'un master en économie qui travaille comme chauffeur de taxi n'accomplit pas son parcours de formation - et je le considère comme un chômeur.

SANTÉ MENTALE

Par santé mentale, j'entends l'absence de tout problème de santé ayant un impact sur le bien-être psychologique ou émotionnel d'une personne. Une personne souffrant d'un problème de santé mentale peut présenter certaines des caractéristiques suivantes : Elle peut entendre des voix que personne d'autre ne peut entendre, perdre espoir, changer rapidement d'humeur ou avoir du mal à dormir. Elle peut se sentir isolée et désespérée. Elle peut avoir des pensées suicidaires ou avoir du mal à accomplir les tâches quotidiennes. Elle peut percevoir quelque chose qui n'existe pas et le considérer comme réel.

Gillett (2022) a effectué des recherches sur la santé mentale. Sur la base de ses recherches, l'Organisation Mondiale de la Santé a estimé qu'environ 300 millions de personnes dans le monde souffrent de dépression et que toutes les 40 secondes, la dépression pousse quelqu'un à se suicider.

Avant la pandémie, de nombreux parents, élèves et enseignants souffraient de problèmes mentaux qui passaient souvent inaperçus. Ils pouvaient manifester des problèmes de comportement sans que cela n'attire l'attention de quiconque.

La pandémie a aggravé la situation. Pour empêcher la propagation de la pandémie, les gouvernements du monde entier ont décidé de fermer presque tout, y compris les écoles. Tout le monde était en mode verrouillage, à l'exception des travailleurs essentiels. Même ceux qui avaient la chance d'avoir une maison avec quatre murs étaient isolés de leurs amis et de leur famille, ce qui a provoqué des problèmes de santé mentale chez de nombreuses personnes. Lorsque les élèves sont retournés à l'école en personne, les personnes familiarisées avec les diagnostics de santé mentale ont pu facilement remarquer, à travers le comportement de certains élèves, que certains d'entre eux présentaient de graves problèmes.

Les problèmes de santé mentale ont des répercussions diverses sur les étudiants : comme indiqué, les étudiants qui en souffrent peuvent avoir des pensées suicidaires ou se suicider ; ils se sentent seuls, déprimés et manquent de concentration. La santé mentale a un impact négatif sur les résultats scolaires des élèves.

Toute personne confrontée à un problème de santé mentale devrait demander l'aide d'un médecin ou d'un conseiller. Il s'agit d'une maladie comme les autres. Personne ne devrait en avoir honte. Malheureusement, même les personnes qui commencent un traitement pour des problèmes de santé mentale peuvent l'abandonner, qu'il réponde ou non à leurs besoins, parce qu'elles ne veulent pas être étiquetées.

L'OBTENTION D'UN DIPLÔME DANS LE CADRE DE LA CRISE DES PRÊTS ÉTUDIANTS AUX ÉTATS-UNIS

Les prêts étudiants américains sont une autre illustration de l'échec du système éducatif. Nous avons grandi en apprenant qu'il fallait aller à l'école, obtenir le diplôme le plus élevé, trouver un emploi bien rémunéré et avoir un mode de vie agréable. C'est vrai, mais pas dans tous les cas. Ce qui n'est généralement pas expliqué, c'est la manière dont vous terminez vos études.

Aux États-Unis, l'école est gratuite du primaire au secondaire dans les établissements publics. La plupart des étudiants arrêtent leurs études après le lycée et trouvent un emploi. À l'université, les frais de scolarité deviennent très élevés et inaccessibles aux étudiants pauvres. Les étudiants sans ressources qui souhaitent poursuivre leurs études ont deux options : ils peuvent travailler à temps plein pour payer leurs frais de scolarité ou demander un prêt étudiant. Un prêt, qu'il soit public ou privé, n'est pas gratuit. En réalité, de nombreux étudiants ont du mal à rembourser leur dette. Si vous empruntez plus que ce que vous pouvez rembourser, vous devenez l'esclave du prêteur. Vous pouvez être fauché pour le reste de votre vie à cause de la dette du prêt étudiant. Si, par exemple, vous accumulez 300.000 dollars de dettes à la fin de vos études, le paiement mensuel minimum sera d'environ 2.400 dollars. Si nous ne prenons pas en compte les autres dépenses telles que les factures de services publics ou la nourriture et que nous estimons seulement à 2.000 dollars le montant du loyer, combien gagnerez-vous pour mener une vie décente ? Pouvez-vous facilement acheter une voiture ? Pouvez-vous avoir assez d'argent pour vous marier ?

La crise économique est grave et il est difficile de trouver un emploi bien rémunéré. Scott-Clauton (2018) a indiqué que la crise des prêts étudiants est grave. Il a constaté que les étudiants noirs sont cinq fois plus exposés au risque de défaut de paiement que les étudiants blancs. Certains étudiants sont tellement fauchés à la fin de leurs études que pour éviter de payer le loyer, ils retournent chez leurs parents.

À l'heure où nous écrivons ces lignes, les recherches indiquent que la dette des étudiants américains s'élève à environ 1.635 milliards de dollars, ce qui dépasse la dette des cartes de crédit et des prêts automobiles. Avec la pandémie, le gouvernement a fait une pause dans le remboursement des prêts étudiants. Mais que se passe-t-il si vous ne pouvez pas rembourser votre prêt étudiant ? Si vous n'arrivez pas à rembourser votre prêt étudiant, il y aura défaut de paiement. Vous serez signalé à l'agence d'évaluation du crédit. Cela affectera votre crédit. Avec un mauvais crédit, vous ne pouvez pas obtenir de carte de crédit. Vous ne pouvez pas acheter une maison ou une voiture. Votre remboursement d'impôt sera retenu pour payer votre dette. Votre salaire peut être saisi ; en d'autres termes, il sera demandé à votre employeur de prélever une partie de votre salaire pour payer votre dette. Votre prêteur peut vous assigner en justice. Ce qu'il est important de savoir, c'est que même si vous finissez par rembourser toutes vos dettes, votre statut de mauvais payeur figurera toujours sur votre dossier de crédit pendant environ sept ans, même si le solde est nul.

En tant qu'institution, le prêt étudiant a un certain impact sur l'économie. L'un des impacts positifs est qu'il stimule l'économie, s'il est remboursé. Il a des effets négatifs sur l'économie : il est difficile pour l'emprunteur de lancer une entreprise parce qu'il se concentre sur le remboursement de sa dette. La conséquence est qu'il y a moins d'emplois créés, ce qui entraîne un ralentissement de l'économie. La dette peut réduire les dépenses de l'emprunteur. Elle ne permet pas à l'emprunteur d'épargner. Elle peut créer un fossé racial : comme je l'ai mentionné plus haut, les personnes de couleur ont plus de difficultés financières à terminer leurs études que les Blancs.

Globalement, la dette des prêts étudiants est un fardeau pour les emprunteurs. Le débat actuel porte sur la question de savoir si les prêts étudiants, tels que la société les connaît actuellement, doivent être annulés — et comment le problème peut être résolu. La deuxième partie de ce livre fournira quelques suggestions.

Chapitre 2

Comment la pandémie a aggravé la situation

Nous sommes en décembre 2019. Les chaînes de télévision et les stations de radio annoncent une nouvelle maladie mortelle. Il s'agit du coronavirus. Corona le matin, corona à midi, corona le soir. En quelques jours, ce mot est devenu le mot le plus prononcé. On nous dit que c'est en Chine. Certaines images échappées de Chine laissent entrevoir des centaines de morts. C'est effrayant, c'est horrible. On croyait que le mal était circonscrit en Chine. Malheureusement, aucun.

Quelques semaines plus tard, on nous informe que la maladie s'est déjà répandue dans le monde entier. En France, des gens meurent. Aux États-Unis, on meurt. En Italie, on ne compte plus les morts. Les Blancs meurent. Les Noirs meurent. Les jeunes meurent. Les personnes âgées meurent. La mort se banalise. Personne n'est à l'abri. Le monde se transforme soudain en maison de deuil. L'état d'urgence est décrété. Le monde se referme sur lui-même. Les écoles et les magasins sont fermés. Dans le ciel, aucun avion ne passe. Les rues sont vides. Seuls quelques véhicules de travailleurs indispensables circulent.

Que se passe-t-il ? se demandent les gens. Cela passera-t-il vite comme le vent qui souffle ? Le monde est dans la confusion la plus totale. Les scientifiques et les hommes politiques prennent des mesures sans parvenir à faire reculer la maladie. Au contraire, chaque jour qui passe, la maladie se répand comme une traînée de poudre. On nous parle de variantes. Chaque variante qui arrive devient plus mortelle que la précédente.

QUE DISENT LES GENS DE CORONA ?

Des années avant la pandémie, plusieurs encyclopédies médicales avaient déjà décrit le corona comme étant similaire à un simple rhume. De nombreuses personnes ont affirmé que le corona n'était pas nouveau. La controverse sur cette terminologie a obligé les scientifiques à utiliser le terme COVID-19 au lieu de corona. D'autres ont affirmé que corona était 666, le signe de la bête : en additionnant chaque lettre du mot corona, on obtient 666 :

C	=	3 (3ème lettre de l'alphabet)
O	=	17 (17ème lettre de l'alphabet)
R	=	18
O	=	15
N	=	14
A	=	1
6	=	66

D'autres affirment que le corona est une maladie de fabrication humaine. Ils disent que le virus s'est échappé d'un laboratoire en Chine. Certains l'appellent même le virus chinois. Les recherches sur l'origine réelle du virus ne sont pas concluantes.

Après la mise au point du vaccin, la vaccination est devenue l'un des aspects les plus controversés de cette pandémie. Le monde est désormais divisé en deux : le monde des vaccinés et le monde des non-vaccinés. D'un côté, le gouvernement suggère, encourage et force les gens à se faire vacciner. Les politiciens et les scientifiques ont déclaré qu'une personne entièrement vaccinée est une personne qui a reçu deux doses de vaccin. Ils ont ensuite déclaré que la population avait besoin d'un rappel. Certaines personnes ont pris le premier, le deuxième et même le troisième rappel. C'est alors que la confusion s'est installée : qu'entend-on par "complètement vacciné" ?

D'un autre côté, certaines personnes ont refusé le vaccin, affirmant que l'obligation de vaccination violait leurs droits. Certaines personnes ont perdu leur emploi parce qu'elles ne voulaient pas être vaccinées. Elles ont déménagé dans des régions où les règles étaient moins rigides. Elles ont déclaré qu'il ne s'agissait pas d'un vaccin mais d'une injection expérimentale. Dans certaines parties du monde, seules les personnes présentant un passeport vaccinal avaient accès aux restaurants et aux lieux publics. Certains ont parlé d'apartheid. Ceux qui s'y opposaient protestaient. Dans certains cas, ils ont été brutalisés par la police. Les manifestants ont déclaré qu'il ne devait pas y avoir une solution unique pour tous, surtout en l'absence de solutions ou de traitements alternatifs. Ils ont pointé un doigt accusateur sur Big Pharma, se plaignant que son principal objectif était de faire de l'argent. Les critiques sont allés plus loin en affirmant qu'il pouvait être moins coûteux de fabriquer des médicaments que des vaccins et qu'il n'était pas acceptable de se concentrer uniquement sur les vaccins, car des personnes auraient pu être sauvées grâce à des médicaments adéquats.

D'autres personnes critiquent les pays puissants en disant qu'ils dépensent des milliards de dollars pour savoir ce qui se passe dans le monde et sur toutes les planètes, mais qu'ils ne sont pas capables de voir venir une pandémie. Ils soupçonnent que le monde n'est toujours pas préparé à une future pandémie.

De nombreux pays africains ont affirmé avoir trouvé le remède à la pandémie. Madagascar, une petite île d'Afrique, aurait utilisé des médicaments naturels pour guérir sa population. Cette approche ne plaît pas à l'Organisation Mondiale de la Santé. Mais la réalité est que l'Afrique est le continent qui a connu le moins de décès dus à la grippe coronarienne. De nombreux pays d'Afrique n'ont pas vraiment fermé leurs portes ; le port de masques y était facultatif. La population ne s'est pas souciée de la distanciation sociale.

LA PANDÉMIE ET L'ÉDUCATION

La pandémie a des conséquences diverses dans presque tous les domaines : L'économie en a souffert. Le taux de chômage est à son point paroxysmal. De nombreuses personnes ont perdu leur emploi, leur maison et sont devenues sans-abri.

La pandémie a eu un impact négatif sur le système éducatif de différentes manières : de nombreux enseignants de qualité sont morts à cause de la pandémie et n'ont pas pu être remplacés facilement. J'ai personnellement connu des enseignants formidables qui ne sont plus parmi nous à cause du COVID-19. Ils étaient très dévoués à leur travail. Ils étaient toujours les premiers à arriver à l'école et les derniers à la quitter. Parfois, je me demandais s'ils avaient vraiment une vie de famille. Après leur mort, le système scolaire a certainement embauché de nouveaux enseignants. Mais aucun d'entre eux n'était proche de ces enseignants. C'est pourquoi j'ai dit qu'ils ne pouvaient pas être remplacés facilement.

La pandémie a fait penser à la légendaire apocalypse qui devait exterminer tout le monde. Cela a créé un traumatisme et une démotivation chez de nombreuses personnes, en particulier les enseignants, les élèves et les parents.

Dans de nombreuses régions du monde, les écoles étaient fermées et ne dispensaient aucun enseignement. Certaines écoles proposaient un apprentissage virtuel. Mais c'était presque une perte de temps. Les élèves n'apprennent pas vraiment. Le changement de cadre a détruit la routine des élèves : auparavant, ils se réveillaient le matin, prenaient leur douche, leur petit-déjeuner et se rendaient à l'école. En restant chez eux, ils montraient qu'ils ne prenaient pas leur éducation au sérieux. Les enseignants ont eu du mal à gérer les élèves en ligne. Ces derniers pouvaient éteindre la camera de leur ordinateur et jouer à leurs jeux pendant les cours. Certains d'entre eux suivaient les cours dans leur lit, en pyjama. Bien qu'ils soient chez eux, certains élèves refusaient d'allumer leur ordinateur pour se rendre dans leur salle de classe virtuelle. La plupart d'entre eux n'ont pas pu terminer leurs devoirs. Dans l'ensemble, les élèves ont manifesté un manque d'intérêt pour l'école pendant la pandémie. Les recherches montrent que la pandémie a fait prendre deux ans de retard aux élèves. Pouvons-nous rattraper ce retard ?

Chapitre 3
Comment Les Écoles Ont Géré La Pandémie

Corona a pris presque tout le monde par surprise. L'état d'urgence a été déclaré. Les écoles ont réagi différemment. Dans de nombreux pays pauvres, les écoles ont été fermées pendant près d'un an, sans enseignement, comme je l'ai déjà mentionné. Les districts scolaires de ces pays n'avaient pas de moyens et étaient impuissants. Dans d'autres parties du monde, les districts scolaires ont fourni des ordinateurs et des connexions internet aux élèves. Ce faisant, ils ont permis aux élèves de poursuivre leurs études.

Les districts scolaires ont formé les enseignants à d'autres façons de poursuivre l'enseignement ; ils ont proposé diverses idées. Ils ont utilisé des systèmes hybrides synchrones et asynchrones. Un système synchrone signifie que les élèves de leur maison se connectent à leur salle de classe à l'aide d'un lien de vidéoconférence (aka Zoom). L'enseignant leur donne des cours comme s'ils étaient dans la vraie salle de classe. Avec le système asynchrone, les instructions et les devoirs sont enregistrés et mis en ligne. Les étudiants peuvent rejoindre la classe quand ils le souhaitent et faire leurs devoirs à leur propre rythme.

Malgré ces ajustements, l'arrêt des cours a été un moment douloureux pour les parents, les élèves et les enseignants. Les élèves ne se sont pas facilement habitués à la nouvelle routine. En se réveillant, en se préparant et en restant devant l'ordinateur pour apprendre à la maison, ils avaient l'impression qu'il leur manquait quelque chose : leur vraie salle de classe avec leurs camarades. Ils n'étaient pas motivés pour apprendre. Certains d'entre eux apparaissaient à l'écran sans s'intéresser au cours. D'autres éteignaient la caméra de l'ordinateur et se rendormaient ou ne participaient pas à l'enseignement.

Les parents qui étaient le plus souvent à la maison en raison de la fermeture de l'école ont eu du mal à garder leur enfant concentré sur l'enseignement. Leurs difficultés augmentaient lorsqu'ils avaient deux enfants ou plus à surveiller en même temps. Certains parents ont perturbé la classe, tout comme les élèves. Ce qui était désagréable, c'est que certains de ces parents apparaissaient à l'écran en petite tenue ou mal habillés. Certains élèves, comme mentionné plus haut, avaient la caméra de leur ordinateur éteinte et ne participaient pas à l'enseignement. Ils jouaient à des jeux sur YouTube et sur divers médias sociaux. Certains enseignants ont pu prendre une photo de l'écran de ces élèves et l'ont transmis à leurs parents. La plupart des élèves ne faisaient pas leurs devoirs. Ils remettaient à plus tard. Les parents faisaient le travail de leurs enfants. Si les parents n'étaient pas disponibles, les frères et sœurs des élèves faisaient les devoirs et les envoyaient. De nombreux élèves recevaient des notes de 100 %, mais cela ne reflétait pas leurs performances réelles. Certains parents pensaient que les enseignants leur transmettaient le pouvoir de l'éducation.

Les districts scolaires ont proposé diverses idées pour faire face à la pandémie, mais ils n'avaient aucun contrôle sur le résultat. Dans l'ensemble, les élèves n'ont pas vraiment appris pendant la pandémie. Gérer les élèves, en particulier ceux de l'école primaire, sans les avoir physiquement, a été un défi pour les enseignants. Comme je l'ai déjà indiqué, les élèves ont pris du retard sur le plan scolaire pendant deux ans.

CHAPITRE 4

L'impact de la pandémie sur les parents, les élèves et les enseignants

Tout le monde a été touché par la pandémie d'une manière ou d'une autre. Cette section se concentre sur l'impact de la pandémie sur les parents, les élèves et les enseignants.

COMMENT LA PANDÉMIE A IMPACTÉ LES PARENTS

Les parents et les tuteurs sont des partenaires importants dans l'éducation de leurs enfants. Nous avons trois types de parents : les parents d'adolescents, les parents de jeunes enfants et les parents d'enfants handicapés. Le premier groupe de parents avait la possibilité de laisser les enfants à la maison et d'aller travailler. Mais le manque de motivation des enfants pour l'école reste une préoccupation majeure pour ces parents.

Pour le second groupe de parents, la situation est plus compliquée : ils ne peuvent pas laisser leurs jeunes enfants à la maison pour aller travailler. De nombreux parents ont perdu leur emploi et ont dû rester à la maison avec leurs enfants. Ces parents étaient obligés de rester plus près de leurs enfants afin de les aider à suivre les cours sur leur ordinateur. Il n'était pas facile pour ces parents de maintenir la concentration de leurs enfants sur les leçons. Certains de ces parents sont devenus des enseignants. D'autres étaient malheureusement perdus, car ils ne se souvenaient pas des concepts enseignés à leurs enfants et ne pouvaient donc pas les aider à faire leurs devoirs. Dans certains cas, leur difficulté à encadrer leurs enfants était due au changement de techniques d'enseignement.

Les parents qui ont le plus souffert sont ceux qui ont des enfants handicapés. Avant la pandémie, ces parents déposaient leurs enfants à l'école et des enseignants spécialisés s'occupaient d'eux du mieux qu'ils pouvaient. Avec la pandémie et la fermeture de l'école, les parents ont dû gérer eux-mêmes le comportement de leurs enfants atteints de troubles du comportement tout au long de la journée. Ces enfants ont parfois une capacité d'attention très limitée. Ceux d'entre eux qui étaient agressifs ont endommagé l'ordinateur destiné à leur enseignement.

Les défis auxquels certains parents ont été confrontés les ont amenés à se demander s'ils étaient les enseignants. Les parents ayant deux enfants ou plus ont eu du mal à gérer l'espace à la maison, surtout lorsque leurs enfants devaient suivre des cours virtuels. La maison s'est transformée en salle de classe. Pendant les cours de musique ou d'éducation physique(EP), le niveau de bruit à la maison n'était pas supportable.

L'IMPACT DE LA PANDÉMIE SUR LES ÉLÈVES

Pendant la pandémie, les élèves travaillaient à la maison, un cadre différent de celui de l'école. Le cadre scolaire est plus organisé et mieux structuré que le cadre domestique. Comme nous l'avons déjà dit, de nombreux élèves suivaient les cours dans leur lit, à moitié vêtus. Ils manquaient d'intérêt pour l'enseignement. La fermeture imposée par la pandémie a privé les élèves de socialisation : ils n'ont pas pu se rencontrer en personne et jouer ensemble. Le manque de socialisation a provoqué des dépressions et des maladies mentales chez certains élèves.

Normalement, les élèves passent la majeure partie de la journée, soit environ sept heures par jour, avec leurs professeurs. Pendant la fermeture du monde à cause de la pandémie, ces élèves passaient toute la journée avec leurs parents. Certains de ces élèves ont été régulièrement maltraités par leurs parents.

La plupart de ces étudiants ont perdu la motivation d'apprendre. Ils remettaient tout à plus tard. Ils reportaient sans cesse la réalisation de leurs devoirs. La situation est devenue si grave que certains districts scolaires ont repoussé la date limite de remise des devoirs en retard. Après cette date, certains élèves n'ont toujours pas remis leurs devoirs. Ils confiaient alors la réalisation de leurs devoirs à leurs parents ou à leurs frères et sœurs - et j'ai constaté une augmentation de ce phénomène dans ma classe. Dans ces cas-là, les bonnes notes qu'ils recevaient ne reflétaient pas la réalité, comme je l'ai déjà mentionné. Lorsque ces étudiants sont revenus en personne sur le campus, ils semblaient avoir tout oublié et ne pouvaient pas obtenir la moitié des notes qu'ils avaient obtenues auparavant avec de l'aide.

De nombreux élèves ont perdu leurs parents. Certains ont perdu leurs deux parents et sont devenus orphelins. Dans cette situation douloureuse, l'école n'était pas leur priorité -- c'est la peine qu'ils éprouvaient pour leurs parents disparus qui l'était. Imaginez un enfant qui vivait joyeusement avec ses parents, qui avait beaucoup d'espoir pour l'avenir et qui se retrouve soudain orphelin de mère, de père et sans abri ! Si vous ne vous êtes pas trouvé dans une telle situation, soyez reconnaissant.

La seule option qui s'offrait à certains de ces enfants était de rester dans un foyer d'accueil. Dans la plupart des cas, ces enfants étaient déprimés. Ils ont développé des problèmes de santé mentale et ont abandonné l'école ou sont restés sous traitement. Certains d'entre eux se sont malheureusement suicidés.

Dans l'ensemble, de nombreux élèves ont pris du retard à cause de la pandémie. Les élèves semblent s'être désintéressés de l'école pendant et après la pandémie.

L'IMPACT DE LA PANDÉMIE SUR LES ENSEIGNANTS

Les enseignants étaient épuisés. Les méthodes synchrones et asynchrones étaient nouvelles pour eux. Ils ont dû suivre une formation et travailler dur pour maîtriser et utiliser les nouvelles méthodes en peu de temps. L'un des principaux défis pour les enseignants était la gestion de la classe en ligne. Ils étaient physiquement éloignés de leurs élèves, ce qui rendait la gestion de la classe difficile. Ils ont dû faire face à des élèves qui faisaient du bruit et à certains de leurs parents qui perturbaient la classe avec de la musique ou des conversations en arrière-plan.

Dans l'ensemble, les élèves, les parents et les enseignants ont été touchés de diverses manières par la pandémie. Ils ont tous subi un stress émotionnel.

Chapitre 5
Les enfants d'hier et d'aujourd'hui

Avez-vous entendu dire que nous sommes le produit de notre environnement ? C'est vrai pour les adultes. C'est aussi vrai pour nos enfants : ils sont le produit de notre société. Lorsque l'on compare les enfants d'hier aux enfants d'aujourd'hui, il apparaît que les enfants d'hier ne vivaient pas forcément dans le luxe. Ils avaient à peine le nécessaire. Mais la société était mieux organisée en ce qui concerne l'éducation de ces enfants. Les parents assumaient davantage la responsabilité de l'éducation de leurs enfants. Les membres de la société se donnaient la main pour éduquer les enfants.

En Afrique, on dit qu'il faut un village pour élever un enfant. Cela signifie en partie que tout le monde, pas nécessairement un parent biologique, a le pouvoir d'intervenir en cas de mauvais comportement d'un enfant. Les enfants savaient que personne dans la société ne tolérerait leur mauvais comportement. La seule option qui s'offrait à eux était d'être respectueux envers tout le monde, en particulier envers les adultes. Malheureusement, les choses ont bien changé. Aujourd'hui, si vous tentez de corriger un enfant dans la rue qui fait quelque chose de mal, c'est à vos risques et périls : ses parents peuvent s'en prendre à vous et même vous poursuivre en justice.

LES ENFANTS D'AUJOURD'HUI SONT GÂTÉS

Ils semblent avoir plus que ce dont ils ont besoin. Pouvez-vous croire que certains parents achètent à leurs enfants, qui sont encore à l'école primaire, la dernière version du téléphone portable ? Lorsque ces parents sont au travail ou à la maison, ils envoient des messages textuels ou appellent leurs enfants pendant les heures de classe. Comment un tel enfant peut-il se concentrer sur l'enseignement ?

TOUT COMMENCE À LA MAISON

Certaines familles sont très disciplinées. Elles inculquent les bonnes manières à leurs enfants et leur apprennent à se comporter en public. Dans d'autres familles, c'est le contraire. Le seul langage utilisé à la maison est un langage indécent ; Les enfants de ces familles les apportent généralement à l'école. Pour eux, il n'y a pas de mal à insulter leurs camarades de classe et même leurs professeurs.

LES ENFANTS D'AUJOURD'HUI ONT TROP DE POUVOIR

Les enfants d'aujourd'hui ont trop de pouvoir et certains d'entre eux en font un mauvais usage. Nous pouvons convenir que certains parents maltraitent leurs enfants. Les lois créées pour les protéger doivent toujours être appliquées. Cependant, les enfants sont exposés à diverses instructions leur conseillant d'appeler la police lorsqu'ils sont en danger. J'ai entendu parler d'élèves qui utilisaient cela à leur avantage lorsqu'ils étaient confrontés à des mesures disciplinaires à la maison. Alors que leurs parents ou leur tuteur légal n'ont rien fait de mal, les élèves fauteurs de troubles appellent les autorités en pleurant et organisent l'arrestation injustifiée de leurs parents. Dans certains cas, ces enfants sont retirés de leur famille et placés dans des familles d'accueil. Il est clair que la vie en famille d'accueil n'est pas comparable à la vie en famille.

Aujourd'hui, des enseignants sont licenciés simplement parce qu'ils ont haussé le ton en parlant à un élève.

La première partie de ce livre montre à suffisance que le système éducatif est comme un patient gravement malade qui a besoin d'un traitement d'urgence. Comment soigner ce grand malade ? La deuxième partie de ce livre constitue une thérapie adéquate pour les problèmes.

PARTIE 2

COMMENT SAUVER LE SYSTÈME ÉDUCATIF

Cette dernière partie du livre constitue des suggestions pour les questions qui minent le système éducatif

Chapitre 6
Quatre jours d'école

Pendant l'année scolaire, les élèves passent la plupart de leur temps avec leurs professeurs. Ils sont à l'école environ 7 heures par jour, soit environ 35 heures par semaine. Les enseignants sont en quelque sorte les substituts de leurs parents.

Dans un souci d'innovation scolaire et pour galvaniser davantage les enseignants, il serait souhaitable de passer de cinq jours d'école par semaine à quatre jours d'école. Comme nous l'avons vu plus haut, les élèves suivent en moyenne 35 heures de cours sur cinq jours, du lundi au vendredi. Le changement peut se faire de la manière suivante : les élèves pourraient avoir une heure et demie d'école supplémentaire par jour, avec deux récréations. Par exemple, au lieu d'aller à l'école de 7 heures 30 à 13 heures 30, les élèves peuvent y aller de 7 heures 30 à 15 heures 00. Avec l'allongement de la journée scolaire d'une heure et demie par jour, les élèves peuvent aller à l'école du lundi au jeudi et avoir le vendredi en congé. Le vendredi serait un jour de congé bien indiqué car il marque le début du week-end. Les élèves et les enseignants peuvent rester à la maison le vendredi, le samedi et le dimanche.

Il y a une pénurie d'enseignants. Les districts scolaires recherchent désespérément des enseignants. De nombreux enseignants sont dans les classes sans qualification. Le vendredi peut être utilisé pour leur formation. Le vendredi devrait être considéré comme une journée professionnelle. Les journées de développement professionnel (DP) pour les enseignants sont des journées au cours desquelles les enseignants reçoivent une formation pour améliorer leurs performances. Dans certaines écoles, les enseignants sont tenus de suivre au moins 60 heures de DP par an. Dans de nombreuses écoles, cette formation est facultative. Le perfectionnement professionnel peut prendre la forme d'un atelier, d'un webinaire ou d'une conférence : au cours de l'atelier, les participants prennent part à des activités spécifiques. Lors d'un séminaire en ligne, l'orateur forme les participants sur un sujet donné. Dans le cadre d'une conférence, de nombreux orateurs enseignent le même sujet.

COMMENT ORGANISER UNE JOURNÉE DE DÉVELOPPEMENT PROFESSIONNEL (DP) EFFICACE ?

Avant le DP, une enquête devrait être envoyée aux participants potentiels afin d'identifier leurs besoins ; ceci est important car le but du DP est d'apporter des solutions aux problèmes rencontrés par les enseignants. La formation continue permet aux enseignants d'accroître leur expertise dans leur domaine. Le DP peut être présentiel ou virtuel. Dans ce dernier cas, les organisateurs doivent s'assurer que la salle est équipée de chaises, de cahiers, de stylos, de l'air conditionné et d'un bon système de sonorisation. S'il s'agit d'une formation virtuelle, tous les participants doivent disposer d'une bonne connexion internet.

Le DP doit être axé sur des objectifs spécifiques. Pendant le DP, les participants doivent avoir la possibilité d'interagir. Des évaluations informelles et formelles doivent être effectuées pour mesurer la compréhension des participants. Le DP doit être conçu de manière à répondre aux questions ou aux préoccupations des participants. À la fin du DP, tous les participants doivent fournir un retour d'information : cela permet aux organisateurs de savoir comment le DP s'est déroulé et de formuler des suggestions pour les futurs DP.

AVANTAGES DU DP

Le DP permet aux enseignants d'acquérir de nouvelles compétences. Il améliore les connaissances des enseignants. Les enseignants apprennent de nouvelles méthodes d'enseignement. Les enseignants bien formés sont plus productifs. Ils sont plus confiants dans leur enseignement. Le DP prépare les enseignants à relever des défis. Au cours du DP, les enseignants ont également l'occasion de collaborer.

OÙ EST-CE QUE LE DP DOIT-IL AVOIR LIEU ?

Dans les pays où la technologie n'est pas avancée, le DP doit se faire en présentiel. Dans les pays où la technologie est bien avancée, l'idéal est de faire le DP virtuellement : cela permet aux enseignants de travailler depuis leur domicile. Ils évitent ainsi les frais de carburant et les risques liés au transport.

QUELLE DOIT ÊTRE LA DURÉE DU DP ?

Le DP et toute autre formation ne devraient pas dépasser quatre heures. Le reste de la journée, les enseignants doivent planifier leurs cours, noter les devoirs et se reposer.

MENTORAT POUR LES ENSEIGNANTS NOUVELLEMENT EMBAUCHÉS

Le vendredi peut être un bon jour pour former les enseignants nouvellement embauchés. Chaque nouvel enseignant devrait avoir un mentor. Les recherches indiquent que lorsque les nouveaux enseignants n'ont pas de mentor capable de les former et de les motiver, ils démissionnent au cours de leurs deux premières années d'enseignement. Ce phénomène est encore plus flagrant chez les enseignants spécialisés, qui doivent faire face à de nombreuses formalités administratives. Le mentor a la responsabilité d'accompagner les nouveaux enseignants et de les aider à atteindre leurs objectifs. Il enseigne aux nouveaux enseignants diverses méthodes d'enseignement et leur donne des conseils pour qu'ils réussissent.

Cette innovation présente plusieurs avantages : Le congé du vendredi permettrait aux enseignants de mieux se reposer et d'avoir plus de temps pour corriger les devoirs et préparer les cours. La vie devenant de plus en plus chère, l'enseignant sous-payé peut économiser de l'essence en restant chez lui le vendredi. Les élèves auront suffisamment de temps pour réviser leurs leçons et faire leurs devoirs. Le vendredi pourrait être utilisé pour l'enseignement asynchrone ; les élèves restent chez eux mais ont suffisamment de devoirs à faire pour être occupés. Ils peuvent effectuer ces travaux à leur propre rythme.

L'option de quatre jours d'école par semaine pour les élèves pose moins de problèmes aux parents d'adolescents, car ceux-ci sont plus responsables et peuvent rester seuls à la maison. Le problème se situe du côté des parents de très jeunes enfants. Ils ne peuvent pas laisser leurs enfants seuls à la maison. Pour les parents qui peuvent travailler le week-end et prendre leur vendredi, il est un peu plus facile de résoudre ce dilemme. C'est encore plus facile à mettre en œuvre en Afrique où, par solidarité, tout le monde s'occupe de l'enfant, qu'il soit biologique ou non.

Dans l'ensemble, les quatre jours d'école pour les élèves présentent plus d'avantages que d'inconvénients. Ce changement pourrait également contribuer à améliorer la qualité de l'enseignement.

Chapitre 7
Pas de jours de neige

Dans certaines régions du monde, comme en Afrique, il n'y a que deux saisons : la saison sèche et la saison des pluies. Ces régions ne sont pas concernées par la neige. Dans d'autres parties du globe, il y a quatre saisons : l'automne, l'hiver, le printemps et l'été. En hiver, il y a de la neige.

La neige est constituée de cristaux de glace qui se suspendent dans l'atmosphère, grossissent et tombent. Lorsqu'elle tombe en grande quantité, elle s'accumule. Les toits des maisons, les arbres, les herbes et les routes deviennent blancs. Lorsqu'il neige, il fait froid, parfois très froid. Nous sommes obligés de porter des vêtements appropriés. La fréquence de la neige varie d'un endroit à l'autre. Dans les régions où la neige est abondante, la communauté est préparée avec du matériel pour la nettoyer et permettre la poursuite des activités.

FINIS LES JOURS DE NEIGE

La neige peut être dangereuse. Elle peut entraîner des pannes d'électricité. Des avalanches peuvent se produire en cas de neige abondante. Rester dans la neige sans vêtements appropriés peut entraîner la mort. Une neige abondante peut paralyser toute la ville. La neige peut provoquer des accidents de la circulation.

Le blizzard est une forme grave de neige. Dans ce cas, les gens restent bloqués chez eux, parfois pendant des jours, sans électricité et sans nourriture si rien n'a été prévu. Le grésil est une autre forme de neige. Elle ne crée pas nécessairement d'accumulation, mais elle peut être très glissante et rendre la circulation dangereuse.

Les districts scolaires incluent les jours de neige dans leur calendrier annuel. Très souvent, il y a plus de neige que prévu, ce qui perturbe le calendrier scolaire initialement établi.

Les écoles ne devraient pas être fermées à cause de la neige. Il est évident que la sécurité des élèves et des enseignants doit être la priorité de l'école; cependant, au lieu de fermer les écoles et de priver les élèves de cours, il serait souhaitable de conserver la possibilité de poursuivre les classes virtuelles sans interruption, depuis la maison, grâce aux liaisons Zoom. Ce dispositif permet non seulement d'assurer la continuité des cours, mais aussi d'éviter aux élèves et aux enseignants de commencer les vacances d'été en retard, sinon, lorsqu'il y a plus de jours de neige que prévu, les élèves qui restent à la maison perdent des jours de classe. Dans certains cas, les districts scolaires sont obligés de prolonger la fin de l'année scolaire pour rattraper les jours perdus.

Les élèves et les enseignants peuvent rester chez eux tout en continuant à suivre les cours virtuellement. Les districts scolaires doivent se préparer à une future pandémie en renforçant les écoles avec des équipements qui permettent aux enseignants et aux élèves de travailler depuis leur domicile en cas de situation d'urgence. Au lieu de perdre une journée d'enseignement à cause de la neige, les districts scolaires peuvent conserver la salle de classe Google avec les liens Zoom pour l'apprentissage synchrone : dans ce cas, les enseignants enseignent depuis le confort de leur domicile et les élèves sont chez eux. Les élèves peuvent recevoir un retour d'information direct de la part de leurs enseignants. Une autre option est l'enseignement asynchrone : les enseignants enregistrent et publient des devoirs que les élèves doivent réaliser lorsqu'ils sont chez eux.

Chapitre 8
Enseigner davantage, tester moins

QU'EST-CE QU'UN TEST ?

Aux fins du présent chapitre, un test est un ensemble de questions conçues pour mesurer les compétences ou les connaissances d'une personne dans un domaine spécifique.

L'OBJECTIF DU TEST

L'objectif du test est d'évaluer le niveau de performance des élèves dans une ou plusieurs matières. Le test indique les domaines dans lesquels les élèves ont des difficultés et informe l'enseignant sur les ajustements à apporter au cours pour soutenir ces élèves.

Sur la base des résultats du test, l'enseignant peut créer des plans de cours individualisés pour répondre aux besoins spécifiques des élèves. Les résultats des tests peuvent également donner à l'enseignant une idée des interventions à mettre en œuvre pour améliorer les performances des élèves. Les interventions en lecture et en mathématiques comprennent les programmes informatiques Iready, Dreambox et Read 180, pour n'en citer que quelques-uns.

Les élèves doivent utiliser ces interventions quotidiennement et avec constance pour obtenir des résultats.

Grâce aux nouvelles technologies, chaque directeur est en mesure de générer le score de l'école et de le comparer à celui de l'ensemble du district. L'ordinateur peut créer un graphique indiquant si un élève se situe en dessous ou au-dessus des attentes de l'école et du district.

L'ANXIÉTÉ LIÉE AUX TESTS

Le test ne représente pas toujours le niveau réel de connaissances des étudiants. Certains élèves sont anxieux à l'idée de passer un examen, ce qui se traduit par des performances médiocres. L'anxiété liée aux examens varie d'un élève à l'autre. Voici quelques signes d'anxiété liée aux examens : Certains étudiants transpirent abondamment avant l'examen, y compris les paumes des mains. D'autres élèves ont souvent envie d'uriner. Ils peuvent demander à aller aux toilettes avant et pendant l'examen. D'autres étudiants présentent un manque soudain de souffle. Ils respirent rapidement. Avant le test, certains élèves ont des nausées, voire des vomissements. La veille ou le jour du test, certains élèves simulent une maladie pour rester à la maison. Ces problèmes disparaissent après l'épreuve.

L'IMPACT DE L'ANXIÉTÉ LIÉE AUX TESTS SUR LES PERFORMANCES DES ÉLÈVES

Les étudiants qui étudient veulent réussir leurs examens. Certains d'entre eux veulent tellement bien faire qu'ils finissent par être stressés pendant l'examen et obtiennent des résultats inférieurs à leurs attentes. L'anxiété liée aux examens réduit les performances des élèves. Les élèves qui en souffrent ont du mal à démontrer leurs connaissances durant l'examen; ils manquent de concentration et oublient tout ce qu'ils ont appris. L'anxiété réduit la confiance des élèves et leur fait croire qu'ils ne savent rien.

QUELQUES CONSEILS POUR ATTÉNUER L'ANXIÉTÉ LIÉE AUX TESTS

Les stratégies suivantes peuvent aider les élèves à réduire leur anxiété liée aux examens : ils doivent être confiants et se considérer comme des experts. Les étudiants doivent considérer le jour de l'examen non pas comme un jour spécial, mais comme un jour ordinaire. Le fait d'accorder trop d'importance au jour de l'examen rend certains élèves nerveux. Les élèves doivent garder à l'esprit que le test est une occasion pour eux de montrer ce qu'ils savent.

La veille de l'examen, les élèves doivent dormir suffisamment. Un bon sommeil permet à la mémoire de se reposer et de se rappeler ce que nous avons appris. Le sommeil peut également améliorer l'humeur. Les élèves doivent développer leur maîtrise de soi grâce à des techniques de relaxation et de respiration. Ils doivent manger et boire suffisamment pour avoir de l'énergie pendant l'examen. Le fait d'être à l'heure peut pareillement aider les élèves à se préparer. Lorsqu'ils arrivent en retard, ils paniquent et manquent de concentration durant l'examen.

LES RÉSULTATS DES TESTS DANS LE CADRE DE L'ÉVALUATION DES ENSEIGNANTS

Dans de nombreux districts scolaires, le test fait partie de l'évaluation de l'enseignant. Les enseignants peuvent être licenciés si les élèves obtiennent de mauvais résultats aux tests standardisés. Les enseignants sont tout aussi stressés que les élèves pendant le test. Pour conserver leur emploi, ils passent le plus clair de leur temps à former les élèves pour qu'ils réussissent le test. Dans une telle situation, la seule chose qui compte pour eux, ce sont les résultats des élèves.

Différentes stratégies peuvent aider les élèves à réussir un examen sans qu'ils aient nécessairement une bonne connaissance du programme d'études. Préparer les élèves à réussir le test devient plus important que de mettre en œuvre le programme d'études.

Il n'est pas juste d'utiliser les résultats des élèves pour évaluer les performances des enseignants. Bien que les enseignants aient la responsabilité de mettre en œuvre le programme d'études, ils n'ont aucun contrôle sur le résultat du test. Nous avons vu des situations où les meilleurs élèves avaient un mauvais score au test et où les élèves moyens obtenaient de bons résultats au même test.

COMMENT LES TESTS SONT-ILS MIS EN ŒUVRE ?

Les enseignants sont submergés par les tests. On leur demande de tester les élèves régulièrement, parfois jusqu'à une fois par mois. La durée d'un test peut varier d'un jour à deux semaines, selon le district scolaire. Supposons que les élèves soient testés tous les deux mois pendant une semaine.

Avec neuf mois d'école, les tests prendront à eux seuls environ quatre semaines de temps d'enseignement. C'est beaucoup.

Les enseignants commencent et terminent leur cycle d'enseignement avec moins de temps à consacrer à l'enseignement. Ils passent plus de temps à administrer le test. Ils doivent gérer des classes de plus en plus surchargées. Lorsqu'ils ont terminé les tests, ils sont épuisés.

LIMITES DES TESTS

Les tests seuls ne suffisent pas à améliorer les performances des élèves. Si les enseignants testent fréquemment leurs élèves sans leur enseigner, leurs performances risquent de diminuer au lieu d'augmenter, ou de rester les mêmes. C'est comme si quelqu'un avait 100 dollars dans son portefeuille. S'il ne travaille pas pour gagner plus d'argent, lorsqu'il ouvrira son portefeuille, il verra les mêmes 100 dollars. Mais s'il travaille davantage, ces 100 dollars peuvent devenir 200 dollars ou plus.

Les enseignants doivent moins tester et plus enseigner. Au début de l'année scolaire, les enseignants doivent effectuer un test de Début d'Année (DA) pour avoir une idée du niveau des élèves. Ils doivent mettre en œuvre le programme d'études et utiliser toutes les interventions disponibles. Ils doivent utiliser diverses stratégies d'enseignement, y compris des petits groupes ou un enseignement individuel pour soutenir les élèves. Les parents à la maison doivent également aider les élèves à faire leurs devoirs afin qu'ils conservent de bonnes notes. Au milieu de l'année scolaire, les élèves doivent passer le test de mi-année. Si toutes les stratégies sont bien mises en œuvre, il n'y a aucune raison pour que les élèves ne s'améliorent pas. Les enseignants continueront à enseigner et à faire passer aux élèves le test de fin d'année (FA). Ce faisant, les enseignants termineront tous les chapitres du programme d'études, avec moins de stress et de pression. De plus, la durée de chaque test doit être réduite à deux jours maximum. Les résultats des tests doivent être mis à la disposition des enseignants et des élèves le plus rapidement possible. Les résultats des tests doivent être utilisés à bon escient. Faire passer des tests aux élèves pour une simple formalité est une perte de temps.

De nombreux pays d'Afrique doivent améliorer la façon dont les élèves sont évalués. Dans ces pays, les élèves passent un seul examen à la fin de l'année scolaire. Ce test est crucial. Si un élève échoue à ce test, il doit redoubler sa classe. Certains élèves redoublent leur classe pendant deux, voire trois ans à cause de ce test. Un tel test pénalise les élèves, il n'est pas juste. Il ne correspond pas nécessairement à ce qui a été enseigné en classe. Ce test n'est pas juste dans la mesure où certains élèves maîtrisent ce qui a été enseigné tout au long de l'année, ils sont même considérés comme les meilleurs élèves, mais ils échouent au test. Lorsqu'ils échouent, leurs parents paient à nouveau les frais de scolarité, car l'éducation n'est pas gratuite. Encore une fois, il n'est pas juste qu'un élève redouble sa classe parce qu'il a échoué à l'examen de fin d'année ; plusieurs facteurs influencent le résultat de l'examen. Un élève peut avoir de mauvais résultats à ce test parce qu'il traverse une période difficile, comme le décès d'un membre de sa famille ou même des problèmes de santé. Certains élèves échouent au test non pas parce qu'ils ne connaissent pas le contenu, mais parce qu'ils ne savent pas utiliser la technologie, ce qui n'est pas juste. Si un élève échoue au test parce qu'il ne sait pas taper à l'ordinateur, la question qu'il faut se poser est la suivante : testons-nous les connaissances des élèves sur le contenu ou sur la technologie ? Si nous testons les connaissances d'un élève qui a des difficultés à taper, il n'est peut-être pas juste de lui faire échouer le cours.

Dans l'ensemble, un trop grand nombre de tests surcharge les enseignants, limite l'enseignement et a donc un impact négatif sur les performances des élèves.

Chapitre 9
La motivation des enseignants

Les enseignants sont des agents indispensables à l'amélioration du système éducatif. Tout le monde dans la société a reçu un enseignement de la part d'un enseignant. Pour que le changement soit efficace, les enseignants doivent être motivés de plusieurs manières.

LE RESPECT DES ENSEIGNANTS COMME FACTEUR DE MOTIVATION

Avant, l'enseignant était considéré comme un maître, c'est-à-dire quelqu'un qui maîtrise, qui sait. Les enseignants étaient très respectés dans la société, et à juste titre : ce sont eux qui enseignaient à tous les membres de la société, y compris aux dirigeants de ce monde. Pourquoi tout a-t-il changé ?

Aujourd'hui, les enseignants ne sont pas respectés. Certains élèves parlent à leurs professeurs comme bon leur semble et les agressent même, sans conséquence. Certains parents manquent de respect aux enseignants et les empêchent de faire leur travail correctement. Il n'est pas rare que certains parents insultent les enseignants par téléphone. Certains de ces parents se rendent à l'école et insultent un enseignant devant leurs collègues et leurs élèves.

Je suppose que certains parents considèrent le fait de maudire l'enseignant de leur enfant comme une "récompense" pour avoir servi leur communauté. Les enseignants sont parfois ridiculisés par leur patron, par le biais d'une mauvaise évaluation injustifiée ou d'une agression verbale. Le manque de respect à l'égard des enseignants contraint nombre d'entre eux à quitter leur emploi. C'est peut-être l'une des raisons de la pénurie d'enseignants.

D'une manière générale, les enseignants doivent être respectés. Un élève peut blesser un enseignant sans conséquence. Un parent peut insulter un enseignant sans conséquence, mais l'inverse n'est pas possible. Si un enseignant insulte un parent, il est renvoyé. Un enseignant peut-être licencié s'il élève la voix en corrigeant un élève qui fait quelque chose de mal. Cependant, les personnes qui prennent les décisions concernant les enseignants ne sont pas des enseignants. Ils travaillent dans un bureau et, la plupart du temps, ils sont déconnectés de la réalité de la classe. Les enseignants devraient être impliqués dans la prise de décision. Ils devraient donner leur avis sur tout changement à l'école.

LE SALAIRE DES ENSEIGNANTS COMME MOTIVATION

Donnez aux enseignants le salaire qu'ils méritent. La question que se posent les futurs enseignants est la suivante : pourquoi m'épuiser pour un travail difficile et mal payé alors que je peux dépenser moins d'énergie dans un autre travail plus rémunérateur ?

Les enseignants respectés et bien payés sont plus motivés et ont tendance à mieux s'occuper de leurs élèves. Par rapport à d'autres professions, les enseignants sont sous-payés. La plupart d'entre eux terminent leurs études avec une montagne de dettes d'études à payer. Certains enseignants sont obligés d'avoir un deuxième emploi pour payer leurs factures.

Dans de nombreuses écoles compétitives, seuls les enseignants titulaires d'une licence ou d'un master sont embauchés. Pour compléter leur formation, ces enseignants contractent des prêts étudiants. Lorsqu'ils obtiennent leur diplôme, ils ont une montagne de dettes à rembourser. Le paiement mensuel minimum de cette dette représente une part importante de leur salaire. Ils ne peuvent pas se permettre d'acheter une belle voiture ou une belle maison parce qu'ils sont fauchés. Tous les membres de la société, quel que soit leur rang social, ont été éduqués par des enseignants. Mais pourquoi ces derniers sont-ils si négligés ?

L'enseignement est moins bien rémunéré que d'autres professions. Un enseignant titulaire d'un master en éducation est moins bien payé qu'une personne titulaire d'un diplôme d'associé et de quelques certifications en technologies de l'information (TI). L'enseignant forme les étudiants dans presque tous les domaines, mais ces derniers gagnent plus d'argent que l'enseignant. Le salaire d'un enseignant n'est pas proportionnel à son travail : Il prépare ses cours jusqu'à des heures tardives, enseigne toute la journée et corrige les devoirs même pendant les week-ends et les vacances. Entre les cours, il participe à des réunions et à des formations. Toute la journée, il subit les caprices des élèves. La motivation de l'enseignant peut augmenter s'il perçoit un salaire élevé.

Payez les enseignants, les payez-les plus, donnez-leur ce qu'ils méritent. Oui, donnez-leur ce qu'ils méritent. Les enseignants se font de plus en plus rares, beaucoup démissionnent. Peu de gens veulent embrasser cette profession. L'un des moyens d'améliorer l'enseignement est de modifier l'échelle des salaires des enseignants et de faire de cette profession la mieux payée, et nous aurons plus d'enseignants et un enseignement de qualité.

L'ÉVOLUTION DE L'ÉVALUATION DES ENSEIGNANTS COMME FACTEUR DE MOTIVATION

Régulièrement, les enseignants sont observés et évalués. C'est une bonne idée, car l'évaluation permet d'identifier ceux qui font du bon travail et ceux qui ont des difficultés. Un enseignant dont les performances sont inférieures aux attentes peut devenir un excellent enseignant s'il bénéficie d'une formation et d'un soutien accrus. Le système d'évaluation actuel doit être amélioré parce qu'il met plus de pression sur les enseignants.

L'évaluation des enseignants a un impact sur leur salaire et leur maintien dans l'emploi. Elle n'est pas équitable car une observation de 30 minutes par un directeur d'école ne reflète pas toujours l'ensemble des performances d'un enseignant. En général, toute personne observée cesse d'être naturelle, ce qui entraîne une sous-performance. Certains élèves, par coïncidence, choisissent ce jour-là pour mal se comporter et peuvent amener l'observateur à donner une mauvaise note à l'enseignant, pour manque de gestion de la classe.

Certains directeurs d'école utilisent l'évaluation des enseignants comme moyen de représailles. L'évaluation est subjective. Un enseignant peut-être bon, mais recevoir une mauvaise note et vice versa. Il est possible pour un directeur d'école de donner une mauvaise note à un enseignant et de s'en servir pour se débarrasser de lui. Les enseignants qui contestent leur évaluation ont peu de chance d'inverser la note reçue. Ils peuvent faire appel au syndicat des enseignants, mais dans la plupart des cas, ils perdent le procès, ce qui n'est pas juste. Je suis une victime de cette évaluation injuste. J'en ai souffert.

CHAPITRE 10
L'école à domicile comme alternative aux écoles traditionnelles

L'école à la maison devient une alternative à l'école traditionnelle. Qu'est-ce qui justifie ce changement ? Quels sont les éléments nécessaires à la mise en place d'une école à domicile ? Quels sont les avantages et les limites de l'école à la maison ? Ce chapitre répond à ces questions et à bien d'autres encore.

QU'EST-CE QUE LE L'ÉCOLE À DOMICILE ?

L'école à domicile a plusieurs synonymes et variantes : éducation basée à la maison, éducation à domicile, non scolarisation, apprentissage centré sur la maison, instruction à domicile et déscolarisation (Luebke, 1999 ; Taylor, 1986 b). Il n'existe pas de définition standard de l'éducation à domicile. Murphy (2012) a fait une compilation des définitions de l'éducation à domicile, comme indiqué ci-dessous.

L'école à domicile a été décrit comme suit :

- "une situation d'enseignement dans laquelle les enfants apprennent à la maison en lieu et place d'une école conventionnelle. Les parents, les tuteurs ou les gardiens assument la responsabilité directe de l'éducation de leurs enfants". (Taylor, 1986 b, p.14)
- "une école dirigée à domicile par un parent, principalement pour l'éducation des enfants de ce foyer". (Glading, 1987, P.12)
- un "enseignement et un apprentissage, dont une partie au moins se fait par le biais d'une activité planifiée, se déroulant principalement à la maison, dans un cadre familial, avec un parent agissant en tant qu'enseignant ou superviseur de l'activité, et avec un ou plusieurs élèves qui sont membres de la même famille et qui effectuent un travail de la maternelle à la terminale". (Line, 1991, p.10)
- "l'éducation des enfants d'âge scolaire sous la surveillance générale de leurs parents, et remplace la fréquentation à plein temps d'une école de campus". (Line, 1991. p.1)
- "la pratique consistant à éduquer les enfants et les jeunes pendant ce que la plupart des gens appellent les années d'école primaire et secondaire, dans un environnement d'apprentissage qui est basé à la maison et dirigé par les parents (ou, au moins, clairement sous l'autorité des parents plutôt que sous l'autorité d'un système scolaire public géré par l'État ou d'une école privée)". (Ray, 2004a. P. 3)
- "une forme alternative d'éducation dans laquelle les enfants sont instruits à la maison plutôt que dans une école publique ou privée traditionnelle. Les

enfants qui sont scolarisés à domicile sont instruits par leurs parents, leurs tuteurs ou d'autres tuteurs" (Lips & Feinberg, 2008, p. 2).

"Les écoliers à domicile sont principalement blancs et issus de la classe moyenne, beaucoup d'entre eux adhèrent à des confessions protestantes conservatrices ; leurs foyers ont des mères à temps plein ou presque". (Stevens, 2001, pp. 17-18)

POURQUOI L'ÉCOLE À DOMICILE SE DÉVELOPPE-T-ELLE ?

En raison de la fermeture du campus pendant la pandémie de COVID-19, il n'y a pas eu d'incidents sur les campus ; tout le monde était chez soi. Mais dès que les étudiants sont revenus physiquement sur leurs campus, leurs bagarres ont été enregistrées ici et là. Les brimades et les fusillades dans les écoles ont repris. Cette situation incite les parents à envisager de faire l'école à la maison.

Certains parents soutiennent que les écoles traditionnelles ne tiennent pas compte de leur religion et exposent les élèves à des concepts qui ne sont pas bons mais qui ont été rendus politiquement corrects, ou encore que les écoles imposent aux élèves ce qu'ils doivent apprendre, quelle que soit leur religion. Tout ce qui est demandé aux élèves aujourd'hui ne respecte pas leurs croyances. Dans les écoles traditionnelles, les parents sont limités dans la manière dont ils peuvent enseigner à leurs enfants ce qu'ils croient.

La violence dans les écoles traditionnelles est devenue une source persistante de peur qui affecte la vie quotidienne des élèves, des enseignants et des parents. Des élèves tuent d'autres élèves et des enseignants avec des armes à feu. Des criminels pénètrent facilement dans les bâtiments scolaires pour tuer des élèves innocents, parfois pour des raisons inconnues. Les fusillades dans les écoles créent le chaos. L'école peut être fermée pendant quelques jours pour enquête ; elle finira par rouvrir avec le risque de connaître le même problème parce que la racine du problème n'est pas traitée correctement.

De nombreux parents hésitent à exposer leurs enfants à ce qui se passe dans les écoles aujourd'hui. Il s'agit notamment de la liberté excessive accordée aux élèves de faire ce qu'ils veulent, la plupart du temps sans conséquences. Il semble qu'il soit acceptable pour un élève d'insulter l'enseignant dans la salle de classe ou de lui lancer des objets pendant l'enseignement, car les élèves savent qu'ils ne seront pas suspendus ou renvoyés. Les élèves bien éduqués sont frustrés lorsqu'ils voient ce qui s'est passé, et s'ils ont le choix, ils quitteront cet environnement.

Dans la plupart des régions du monde, le milieu scolaire est dangereux car les élèves sont exposés à toutes sortes de drogues. La situation est si grave que certains élèves deviennent des trafiquants de drogue. En résumé, l'expansion de l'éducation à domicile se justifie en partie par l'échec de l'école traditionnelle.

QU'EST-CE QUI N'EST PAS DE L'ÉCOLE À DOMICILE ?

Allie-Carson (1990) a souligné que le choix de l'école à la maison, refusant la scolarisation traditionnelle, doit être volontaire. En d'autres termes, il ne doit y avoir aucune contrainte. Aurini et Davies (2005) ont indiqué que si un élève reçoit un enseignement à domicile parce qu'il ne peut pas aller à l'école, cela n'est pas considéré comme de l'école à la maison. Les élèves qui reçoivent un enseignement à domicile en raison de leur état de santé ne sont pas de l'éducation à domicile (Belfield, 2004, Princiotta, Bielick et Chapman, 2004). Knowles et Muchmore (1995) ont mentionné que les élèves qui apprennent à la maison parce que leurs parents ont choisi de voyager ne sont pas des enfants scolarisés à domicile.

BRÈVE HISTOIRE DE L'ÉCOLE À DOMICILE

L'éducation à domicile n'est pas un phénomène nouveau. Isenberg (2007) indique qu'un groupe religieux a commencé à pratiquer l'éducation à domicile dans les années 1970. Plus tard, son évolution a été influencée par la philosophie de Jean-Jacques Rousseau. De nombreuses batailles juridiques ont eu lieu et ont abouti à la légalisation de l'éducation à domicile en 1990 aux États-Unis. Isenberg (2007) a constaté qu'en 2007, il y avait environ un million d'éducations à domicile, soit l'équivalent de la combinaison des "charter schools" et des "voucher schools".

Ray (2022) a constaté qu'aux États-Unis, pour l'année scolaire 2021/2022, il y avait 3,135 millions d'élèves scolarisés à domicile de la maternelle à la 12e année. Cela confirme l'augmentation du nombre d'élèves scolarisés à domicile. Les deux années de pandémie de COVID-19 ont accéléré la croissance de l'enseignement à domicile.

QUE FAUT-IL POUR DÉMARRER L'ÉCOLE À DOMICILE ?

Il est suggéré que parmi ceux qui ont opté pour l'enseignement à domicile, au moins un parent reste à la maison. En général, les familles qui choisissent l'école à la maison pour leurs enfants sont bien éduquées. Les conditions requises pour créer une école à domicile varient d'un pays à l'autre et d'un État à l'autre. Il est vivement recommandé aux parents qui envisagent de faire l'école à la maison de s'informer en détail sur les conditions à remplir dans leur propre pays.

LIMITES DE L'ÉCOLE À DOMICILE

L'école à la maison présente certaines limites : les élèves manquent de socialisation parce qu'ils ne sont pas en contact avec d'autres élèves dans les écoles traditionnelles. L'école à la maison exige des sacrifices financiers de la part des parents. L'un d'entre eux peut renoncer à son emploi pour rester à la maison. Dans certains cas, les parents doivent réaménager leur maison pour qu'elle ressemble à une école, ce qui a un coût. Dans une maison typique, il n'y a pas assez d'espace pour faire du sport par rapport à une école traditionnelle dotée d'un gymnase. Les élèves handicapés peuvent ne pas bénéficier de certains services, tels que l'orthophonie ou l'ergothérapie. Les écoles à domicile ne fournissent pas de services infirmiers. En cas d'urgence, les parents peuvent être amenés à appeler directement l'hôpital. L'école à domicile ne peut pas recevoir de financement de la part du gouvernement.

LES AVANTAGES DE L'ÉCOLE À DOMICILE

Les élèves qui suivent un enseignement à domicile ont un emploi du temps flexible qui présente plusieurs avantages : il est facile pour leurs parents de prendre un rendez-vous chez le médecin pour eux. Ils peuvent interrompre l'enseignement lorsqu'ils ne sont pas prêts à apprendre. Les élèves bénéficient de toute l'attention des enseignants car le modèle d'enseignement est individualisé. Les enseignants ont suffisamment de temps pour s'assurer que les élèves comprennent les concepts enseignés. L'éducation à domicile renforce les liens entre les parents et les enfants parce qu'ils passent plus de temps ensemble.

Je soupçonne que si l'école traditionnelle continue d'échouer, à long terme l'éducation à domicile pourrait dominer et les bâtiments scolaires traditionnels seront à moitié vides.

Chapitre 11
Autres recommandations

À propos des brimades

Les brimades à l'école sont de plus en plus préoccupantes. Certains élèves abandonnent l'école à cause des brimades. Que peut-on faire pour prévenir ou atténuer les brimades ? Les élèves doivent être formés à l'autodéfense. Certaines victimes n'ont pas le courage de raconter ce qui leur est arrivé ; elles devraient pouvoir signaler un tel incident dès qu'il se produit.

Ne dit-on pas qu'il vaut mieux prévenir que guérir ? L'accent doit être mis sur la prévention des brimades et non sur leurs conséquences. Les élèves ont besoin d'être davantage surveillés pendant le petit-déjeuner, le déjeuner, la récréation et la sortie. C'est à ces moments-là que l'incidence des brimades est la plus élevée.

Les écoles devraient être en mesure d'identifier ce qui déclenche les brimades. Il est surprenant de constater que certains élèves intimident les autres simplement parce qu'ils s'ennuient. Une classe bien structurée et un enseignement solide peuvent limiter ou prévenir les brimades.

Lorsque des brimades se produisent, l'école doit mettre en œuvre une politique de tolérance zéro. Les auteurs de brimades doivent être suspendus en guise de premier avertissement. En cas de récidive, ils doivent être définitivement exclus de l'école. Certaines personnes peuvent penser qu'une telle décision est excessive. Ils doivent comprendre la gravité du problème : certains élèves se suicident parce qu'ils sont victimes de brimades, d'autres sont traumatisés pour le reste de leur vie.

LE POUVOIR DES DIRECTEURS D'ÉCOLE

Des pouvoirs excessifs sont accordés aux directeurs d'école. Certains ont le droit de licencier un enseignant, avec ou sans raison valable. Un directeur et un enseignant peuvent ne pas s'entendre, mais cela ne doit pas donner l'occasion au directeur d'exercer des représailles contre l'enseignant. Certains directeurs le font de manière subtile; d'autres profitent d'une occasion, telle qu'une faute commise par un enseignant, pour le licencier. Cela signifie clairement que l'enseignant n'est pas protégé.

Le licenciement d'un enseignant devrait résulter d'une décision d'un comité composé de l'enseignant, du directeur, du surintendant et du syndicat des enseignants, qui agit comme un avocat pour l'enseignant.

LA PARTICIPATION DES FAMILLES

Comme je l'ai déjà dit, de nombreux parents ont abandonné l'éducation de leurs enfants aux enseignants. Ils croient à tort que c'est l'enseignant qui doit tout faire pour leurs enfants. La véritable éducation commence à la maison, dans la famille de l'élève. Certains parents ingrats appellent l'enseignant pour l'insulter sous prétexte qu'il ne fait pas bien son travail, ignorant que c'est plutôt le travail de la famille.

Les parents doivent fournir la base de l'éducation à leurs enfants. Ils doivent passer un temps précieux avec leurs enfants. Lire un livre pour enfants tous les soirs avec un enfant qui n'est pas encore en âge d'aller à l'école prépare déjà l'enfant à comprendre ; lui faire écouter une chanson éducative pour enfants tous les soirs est recommandé ; mais laisser l'enfant plus de trois heures devant la télévision, c'est détruire le cerveau de l'enfant. Les parents doivent s'efforcer de comprendre leurs enfants, de les soutenir dans leurs tâches et de collaborer avec les enseignants.

À PROPOS DE LA SÉCURITÉ À L'ÉCOLE

Il est difficile de déterminer le nombre d'élèves qui meurent chaque année à l'école à la suite d'une fusillade ou de tout autre type de violence. Les écoles sont de moins en moins sûres, ce qui est inquiétant. Si ce n'est pas la violence, c'est la drogue qui dicte sa loi en milieu scolaire.

Face à la gravité de la situation, toutes les écoles sans exception devraient être équipées de détecteurs de métaux : ils permettent d'identifier les armes à feu ou toute autre arme. Avant d'entrer dans l'école, les élèves, les enseignants et les visiteurs devraient être fouillés pour des raisons de sécurité. Chacun doit participer à la sécurisation de l'école en signalant à la police ou à l'administration de l'école tout cas suspect. Chaque école devrait avoir au moins un spécialiste du comportement, dont le rôle est d'agir rapidement pour mettre fin à une bagarre avant qu'elle ne dégénère. Le spécialiste gère également le comportement des élèves afin de prévenir certains problèmes d'inconduite.

La consommation ou le trafic de drogues à l'intérieur et à proximité des écoles doivent être strictement interdits. La police ou l'administration de l'école doivent également être alertées en cas de suspicion ou de preuve de consommation de drogue dans l'environnement scolaire. La sécurisation des écoles est une tâche qui incombe à tout le monde.

À PROPOS DE LA DÉPARTEMENTALISATION

En termes simples, la départementalisation signifie que les matières académiques sont regroupées en départements. Par exemple, nous avons le département des sciences, le département d'anglais, etc. Les enseignants d'un même département doivent collaborer régulièrement. Ils peuvent partager diverses stratégies d'enseignement et même leurs plans de cours. L'innovation consiste à faire en sorte que chaque enseignant n'enseigne qu'une seule matière spécifique.

Tous les enseignants ne sont pas bons dans toutes les matières. L'avantage est que l'enseignant spécialisé dans un domaine enseigne la matière de manière plus efficace. L'obstacle à cette départementalisation est la pénurie d'enseignants. Cependant, si les gouvernements veulent vraiment résoudre les problèmes d'éducation, ils peuvent trouver des moyens de recruter des enseignants et rendre possible une telle proposition.

À PROPOS DE LA MORALE À L'ÉCOLE

Dans le passé, les prières et la morale étaient enseignées en classe comme des matières dans différents pays. Pour des raisons politiques, la religion a d'abord été retirée de l'école et la morale a suivi. La morale a contribué à préparer les élèves à devenir de bons citoyens. Grâce à l'enseignement de la morale, les élèves étaient plus à même de faire preuve de retenue. La morale enseigne aux élèves comment se comporter. La paix enseignée par la morale peut contribuer à réduire la violence et les brimades à l'école. La morale apprend aux élèves à se respecter les uns les autres et à respecter les enseignants. Depuis la suppression de la morale en tant que matière, les élèves ne se respectent pas eux-mêmes et ne respectent pas les professeurs qui leur enseignent.

À PROPOS DE LA RÉTENTION DES ENSEIGNANTS

La pénurie d'enseignants est un problème grave. Les enseignants quittent l'enseignement pour d'autres professions, et cela continuera si rien n'est fait. Dans les pays où règne la dictature, les militaires gagnent de gros salaires pour protéger le tyran, mais les enseignants qui éduquent tous les membres de la société sont sous-payés et traités avec irrespect. Tant que cette situation perdurera, les enseignants potentiels se retireront et se tourneront vers d'autres professions.

Pour garder les enseignants et en attirer de nouveaux, il est absolument nécessaire d'augmenter substantiellement leurs salaires, de leur donner plus d'avantages, de rendre l'environnement scolaire plus sûr et de restaurer leur respect.

À PROPOS DE LA CRISE DES PRÊTS ÉTUDIANTS AUX ÉTATS-UNIS

L'Amérique est l'un des pays au monde où l'enseignement supérieur est extrêmement coûteux. Paradoxalement, c'est aussi l'un des pays les plus riches du monde. Les études universitaires semblent être discriminatoires ; elles sont davantage réservées aux riches. Les étudiants pauvres terminent leurs études tôt ; s'ils veulent absolument aller plus loin, ils doivent contracter un prêt étudiant. À la fin de leurs études, ils se retrouvent avec une montagne de dettes et des intérêts très élevés à payer.

Le concept de prêt étudiant est injuste car l'Etat a les moyens de rendre l'éducation gratuite ou moins chère à tous les niveaux. L'Amérique peut s'inspirer de l'exemple de l'Allemagne, où les étudiants peuvent aller aussi loin qu'ils le souhaitent et terminer leurs études sans dette. L'annulation pure et simple de cette dette, et le changement du système pour rendre l'accès aux études facile pour tous, constitue une solution à cette crise de la dette étudiante.

Conclusion

Lorsque j'ai commencé à écrire ce livre, je n'avais aucune idée de la façon dont il se terminerait. En lisant du premier au dernier chapitre, vous avez manifesté un certain intérêt pour le contenu. Si nous sommes d'accord sur le fait que le système éducatif est confronté à de graves problèmes qui doivent être résolus, nous devons faire partie de la solution et non du problème.

Voici quelques questions à se poser : En tant qu'élève, est-ce que je fais ce que je suis censé faire, par exemple, je termine mes travaux et mes devoirs ? Suis-je paisible et respectueux ? En tant que parent, est-ce que j'aide mes enfants à faire leurs devoirs et collabore avec leurs enseignants ? En tant qu'enseignant, est-ce que je prépare et dispense mes cours correctement ? Est-ce que je respecte l'éthique de l'école ? Est-ce que je collabore avec tout le monde, y compris les familles, les élèves, les collègues et le personnel ? En tant que membre du personnel, est-ce que je traite mes collègues avec équité et respect ? En tant que membre de la communauté, que fais-je pour mettre fin aux brimades et à tout type de violence à l'école ? En tant qu'homme politique, au-delà des discours, que faisons-nous pour mettre fin aux fusillades à l'école ? Existe-t-il un niveau de violence armée contre les enseignants et les élèves dans nos écoles que nous sommes prêts à accepter comme inévitable ? Est-il impossible de contrôler les armes et de renforcer la sécurité dans les écoles ?

Pourquoi les élèves devraient-ils perdre des journées d'école à cause de la neige alors que le Zoom ou l'option asynchrone pourraient être utilisés pour poursuivre l'enseignement à la maison ? Les enseignants sont des agents importants de l'éducation ; ils devraient être respectés et recevoir le salaire qu'ils méritent pour leur dur labeur. Leur voix doit être entendue. Ils devraient moins tester les élèves et avoir plus de temps à consacrer à l'enseignement. Ils doivent constamment recevoir une formation pour rester efficaces. Dans l'ensemble, le système scolaire devrait être conçu de manière à créer de bons citoyens bien préparés à développer leur communauté.

La dernière question que chacun devrait se poser est la suivante : "Que dois-je faire à mon niveau pour améliorer le système scolaire ?"

Références

Allie-Carson, J. (1990). Structure et schémas d'interaction des familles pratiquant l'école à domicile. *Chercheur en éducation à domicile*, 6(3), 11-18.

Aurini, J., & Davies, S. (2005). Choix sans marché : L'école à domicile dans le contexte de l'enseignement privé. *British Journal of Sociology of Education, 26, 461-474.*

Belfield, C. (2004 a). *L'école à domicile aux États-Unis* (Document occasionnel n° 88). New York : Université Columbia, Teachers College, National Center for the Study of Privatization in Education.

Isenberg, E. (2007). Que savons-nous de l'école à domicile ? Peabody *Journal of Education*, 82, 387-409.

Gillett, T. (2022). Cultiver de nouveaux paradigmes en santé mentale. *Cambridge Prisms : santé mentale mondiale.* https://www.cambridge.org/core/blog/2022/12/12/cultivating-new-paradigms-in-mental-health/

Glading, E. (1987). Éducation à domicile : Caractéristiques de ses familles et de ses écoles (Thèse de doctorat non publiée). Bob Jones University, Greenville, SC.

Juvonen, J., & Graham, S. (2014). Les brimades dans les écoles : Le pouvoir des brimades et le sort des victimes. *La Revue Annuelle de Psychologie*. https://bottemabeutel.com/wp-content/uploads/2014/01/Bullying-in-School.pdf

Kendi, I. X. (2019). *Comment être antiraciste*. New York : One World.

Knowles, J. G., & Muchmore, J. A. (1995). Oui ! Nous sommes des enfants éduqués à la maison devenus adultes, et nous nous en sortons très bien, merci. *Journal de recherche sur l'éducation chrétienne*, 4(1), 35-56.

Lines, P. M. (1991). L'instruction à domicile : l'ampleur et la croissance du mouvement. Dans J. van Galen & M. Pittman (Éds), *L'école à domicile : perspectives politiques, historiques et pédagogiques* (pp. 9-42). Norwood, NJ : Able.

Lips, D., & Feinberg, E. (2008). L'école à domicile : une option en plein essor dans l'éducation américaine. Washington, DC : Heritage Foundation.

Lubke, R. V. (1999). L'école à domicile dans le Wisconsin : un examen des problèmes et des tendances actuelles. Milwaukee : Wisconsin Policy Research Institute.

Murphy, J. (2012). *L'école à domicile en Amérique* : *Saisir et évaluer le mouvement.* Thousand Oaks, CA : Sage.

New Jersey Department of Education. "Loi renforçant l'éducation des enfants doués et talentueux" (2020), New Jersey. https://www.nj.gov/education/standards/gifted/docs/ GiftedTalentedLegislation-Chapter%20338.pdf

Olweus, D. (1994). "Les brimades à l'école : faits essentiels et effets d'un programme d'intervention en milieu scolaire", *Journal de Psychologie et de Psychiatrie de l'Enfant*, 35, n°7 : 1171-1190.

Princiotta, D., Bielick, S., & Chapman, C. (2004). *1,1 million d'élèves scolarisés à domicile aux États-Unis en 2003.* Washington, DC : Centre National des Statistiques de l'Éducation.

Ray, B. (2004 a). *Écoliers à domicile, aujourd'hui adultes : leur implication dans la communauté et la vie civique, leurs opinions sur l'école à domicile et autres caractéristiques.* Salem, OR : Institut National de Recherche sur l'Éducation à Domicile.

Ray, B. D. (2022). *Combien d'élèves scolarisés à domicile y a-t-il aux États-Unis pendant l'année scolaire 2021-2022 ?* Institut National de Recherche sur l'Éducation à Domicile. Tiré de https://www.nheri.org/how-many-homeschool-students-are-there-in-the-united-states-during-the-2021-2022-school-year.

Rosales, J., et Walker, T. (2021). *Les débuts racistes des* évaluations *standardisées.* Association Nationale de l'Éducation (NEA). Tiré de https://www.nea.org/advocating-for-change/new-from-nea/racist-beginnings-standardized-testing

Shurkin, J. (1992). *Les enfants de Terman : L'étude révolutionnaire sur la manière dont les surdoués grandissent.* New York : Little, Brown.

Scott-Clayton, J. E. (2018). La crise imminente des prêts étudiants est pire que ce que nous pensions. *Evidence Speaks 2(34).* https://academiccommons.columbia.edu/doi/10.7916/D8WT05QV

Stevens, M. L. (2001). *Royaume des enfants : Culture et controverse dans le mouvement de l'enseignement à domicile.* Princeton, NJ : Princeton University Press.

Taylor, J. (1986 b). Le concept de soi chez les enfants scolarisés à domicile. *Recherche sur l'école à domicile*, 2(2), 1–3.

Département de l'éducation des États-Unis, Centre national des statistiques de l'éducation (2021). *L'état de l'éducation (NCES 1021-144).*

www.ingramcontent.com/pod-product-compliance
Lightning Source LLC
Chambersburg PA
CBHW051544120626
46551CB00013B/1361